میرا بھائی

مادرِ ملّت

محترمہ فاطمہ جناح

جملہ حقوق محفوظ ہیں

کتاب کا نام: میرا بھائی

مصنفہ: محترمہ فاطمہ جناح

ڈیجیٹل اشاعت: مارچ 2024ء

تدوین: ادیب آن لائن

اغلاط کی نشاندہی درج ذیل ای میل پر بھیج کر
مواد کی درستی میں ہماری رہنمائی فرمائیں۔ شکریہ

corrections@adeebonline.com

اس کتاب کا ڈیجیٹل ایڈیشن پڑھنے کے لیے
ادیب آن لائن ایپ انسٹال کریں

انتباہ

فہرست

کاٹھیاواڑ سے کراچی تک

انیسوی صدی کے آخر میں ہندوستان میں برطانوی راج کا سورج انتہائی تیزی سے طلوع ہونا شروع ہو گیا تھا۔ برصغیر ہندوستان میں تاجروں کی حیثیت سے زندگی شروع کرنے والے برطانوی تاجر جو کل تک ہندوستانی حکمرانوں سے مراعات، دوستی اور ہمدردانہ سلوک کی بھیک مانگا کرتے تھے، برصغیر ہندوستان پر قابض ہو چکے تھے۔ ہندوستان کی باگ ڈور ان کے ہاتھوں میں آ چکی تھی۔ اب یہ رویہ بدل چکا تھا اور وہ ہندوستان میں ایک ایسی حکومت قائم کر چکے تھے جو برطانوی تاج شاہی میں ایک جگمگاتے ہوئے ہیرے کی حیثیت رکھتی تھی۔ بلکہ حالات میں بظاہر خاموشی تھی۔ مگر یہ خاموشی ایک بڑے طوفان کا پیش خیمہ تھی۔ فرنگی حکمرانوں کو یقین تھا کہ انہوں نے ہندوستان کے رہنے والوں کو مہذب بنانے کے لیے جو کوششیں کی تھیں، اس سے ناراض ہندوستانیوں کا غصہ ٹھنڈا ہو گیا اور تاج برطانیہ کو عوام دوست پالیسی نے مقامی لوگوں کے دلوں سے انگریز سے نفرت اور سرکشی کے جذبات ختم کر دیئے تھے۔ انگریز حکمران ہندوستانیوں کے دلوں میں اندر ہی اندر کھولنے والے لاوے سے یکسر بے خبر تھے۔ 1857ء کی جنگ آزادی انگریزوں کے خلاف ایک سخت رد عمل تھی۔ یہ بغاوت جلد ہی پورے ہندوستان میں پھیل گئی۔ یہاں تک کہ یہ واقعہ انگریز حکمرانوں کے خلاف ہندوستان کی جدوجہد آزای کی طویل کتاب کے پہلے باب کی حیثیت اختیار کر گیا۔ اس جنگ آزادی میں کئی لوگوں نے اپنی جانوں کا نذرانہ پیش کیا۔ ہندوستان کو آزاد کرنے کے لیے اس جنگ میں جانیں قربان کرنے والے سب لوگوں کو شہداء کی حیثیت کی یاد کیا جاتا ہے۔ اس واقعہ نے ہماری قوم کے ذہنوں پر گہرے اثرات مرتب کئے اور پورا ہندوستان متاثر ہوا۔ اس کے باوجود ہندوستان میں کچھ علاقے ایسے بھی تھے جہاں اس کشیدہ

صورتحال میں بھی زندگی پرامن اور پرسکون رہی اور وہ ارد گرد ہونے والی سنگین صورتحال سے بے نیاز رہے۔ کاٹھیاواڑ کی شاہی ریاست گونڈل ایک ایسا علاقہ تھا جو ممبئی پریذیڈینسی کے ماتحت تھا۔ تاج برطانیہ سے وفاداری کے طفیل ٹھاکر صاحب آف گونڈل کی حکمرانی پورے آب و تاب کے ساتھ قائم تھی۔ ٹھاکر صاحب جانتے تھے کہ اپنی ریاست کو برطانیہ کے خلاف سرگرمیوں سے علیحدہ رکھنا ان کے اپنے مفاد میں تھا۔ انہیں اس بات کا خدشہ تھا کہ انہیں ریاستی حکمرانی سے محروم نہ کر دیا جائے۔ ٹھاکر صاحب کی حکومت میں گونڈل ریاست کے لوگ اپنی زندگی کے معمولات میں مشغول تھے۔ وہ اس سیاسی جدوجہد سے بالکل متاثر نہ ہوئے، جس نے پورے ہندوستان کو اپنی لپیٹ میں لے لیا تھا۔

ریاست گونڈل کی معیشت کا انحصار زراعت پر تھا۔ نمایاں فصلوں میں کپاس، گندم، جوار اور باجرہ شامل تھیں۔ زرعی پیداوار میں جس چیز نے گونڈل کو شہرت عطا کی تھی وہ یہاں کی مرچ تھی۔ حتیٰ کہ آج بھی گونڈل کی مرچیں مشہور ہیں۔ ہمارے گھر میں میرے شعور کے مطابق ابتدائی دنوں ہی سے تمام کھانوں میں ہمیشہ مرچوں کا خوب چھڑکاؤ کیا جاتا تھا۔ ہم میں سے جس کسی کو کھانے کا ذائقہ اپنے مزاج کے مطابق محسوس نہ ہوتا تو وہ ایک پلیٹ میں سے اپنے کھانے میں مزید مرچیں ڈال لیتا تھا۔ مرچوں سے بھری ہوئی پلیٹ ہمیشہ کھانے کے میز پر پڑی رہتی تھی۔

دارالحکومت ہونے کی وجہ سے گونڈل ریاست کا سب سے بڑا شہر تھا مگر ریاست کی زیادہ تر آبادی دیہاتوں میں رہتی تھی جو سادہ اور مطمئن زندگی گزار رہی تھی۔ ان لوگوں کی دنیا چھوٹی اور مختصر سی تھی۔ جس کی سرحدیں اس ریاست کی جغرافیائی حدود کے اندر ہی سمٹی ہوئی تھیں۔ ریاست کے دوسرے بہت سے دیہات کی طرح پانیلی بھی ایک چھوٹا سا گاؤں تھا۔ 1857ء کے قریب جب جنگِ آزادی کے ذریعے ہندوستان میں برطانوی حکومت کے خلاف منظم سیاسی اپوزیشن کے بیج بوئے جا رہے تھے۔ اس زمانے میں پانیلی کی آبادی ایک ہزار سے بھی کم تھی۔ اس گاؤں میں میرے دادا پو نجار رہتے تھے۔ ان کے آباؤ اجداد یہیں پیدا اور فوت ہوئے تھے۔ میرے دادا پانیلی کے ان چند لوگوں میں سے تھے جو زراعت پیشہ نہیں تھے۔ ان کی کچھ دستی کھڈیاں تھیں جن پر وہ خود کاریگروں کے ہمراہ طویل اور تھکا دینے والے اوقات میں کام کیا کرتے

تھے۔ اس مشقت کے نتیجے میں وہ ہاتھ کا بنا ہوا خام کپڑا تیار کیا کرتے تھے جس کی فروخت سے انہیں اتنی آمدنی ہو جاتی تھی کہ ان کے خاندان کا شمار اس چھوٹے سے گاؤں کے خوشحال گھرانوں میں کیا جاتا تھا۔

ان کے تین بیٹے تھے۔ والجی، ناتھو اور جناح۔ مؤخرالذکر ان کے سب سے چھوٹے بیٹے تھے۔ ان کی ایک بیٹی تھی جس کا نام مان بائی تھا۔ جناح اپنے دونوں بھائیوں کے مقابلے میں زیادہ فعال اور ارادے کے پکے تھے۔ وہ 1857ء کے تاریخی سال کے لگ بھگ پیدا ہوئے۔ جس کے دوران آزادی کی پہلی ہندوستانی بغاوت برپا ہوئی۔ ان کے نوجوانوں اور بلند نظر ذہنی کو پانیلی نہ صرف ایک سست رو خوابیدہ گاؤں معلوم ہوتا تھا، بلکہ ان کے نزدیک یہ ایسی جگہ تھی جہاں زندگی محض ایک چھوٹے سے بازار اور گاؤں کے کنویں پر ہونے والی گپ شپ کے گرد گھومتی تھی۔ انہوں نے سنا تھا کہ گونڈل ایک بڑا شہر ہے جہاں زندگی زیادہ فعال ہے اور کاروبار بھی وسیع ہے۔ پانیلی میں رہ کر وہ بھلا کیا کر سکتے تھے؟ دونوں بڑے بھائیوں کے ساتھ مل کر خاندانی کھڈیوں پر کام کرنے میں ان کے لیے کوئی کشش نہیں تھی۔ یہ بہت چھوٹا سا کاروبار تھا۔ ان کی نظریں بڑے شہر پر لگی ہوئی تھیں، جہاں ان کی مہم جویانہ طبع کو تسکین مل سکتی تھی۔

ان کے والد نے کاروبار کے لیے انہیں نقدی تو کم ہی دی۔ مگر نصیحت خوب کی کہ کسی بھی کاروبار میں سرمایہ لگانے سے پہلے تفصیل سے جائزہ لینا چاہیئے کہ انہیں کس کاروبار میں جانا چاہیئے۔ تجزیہ پسند اور محتاط ذہن کے ساتھ پونجی کے مالک ہونے کے باعث میرے والد جلد بازی میں کوئی کام شروع نہیں کرنا چاہتے تھے۔ تاہم انہیں بعض ایسے کاروبار تلاش کرنے میں زیادہ عرصہ نہیں لگا جن میں وہ جلدی جلدی خرید و فروخت کر سکتے تھے۔ کاروبار سے تعلق ان کی سوجھ بوجھ اور سخت محنت کے باعث انہوں نے جلد ہی کافی منافع کمایا۔ یوں ان کے اصل سرمائے میں اضافہ ہو گیا۔ چند ماہ بعد جب وہ گونڈل سے پانیلی واپس آئے تو ان کے والد یہ دیکھ کر خوش ہوئے کہ ایک بڑے شہر میں ان کے بیٹے نے منافع بخش کاروبار شروع کیا ہے۔ زندگی کی پرانی اقدار پر یقین رکھنے کے باعث انہیں اندیشہ تھا کہ گونڈل جیسے بڑے شہر کی مختلف ترغیبات اور چکاچوند ان کے نوجوان بیٹے کی توجہ اس منافع بخش کاروبار سے ہٹا سکتی ہیں، جسے اس نے نہایت مختصر عرصے کے دوران کامیابی سے منظم کیا ہے۔ اس کے علاوہ میرے دادا کی عمر بھی بڑھتی جا رہی تھی۔ ان کے دونوں

بڑے بیٹے اور بڑی بیٹی کی شادی ہو چکی تھی۔ والدین کی واحد ذمہ داری اب یہ باقی رہ گئی تھی کہ ان کے سب سے چھوٹے بیٹے کی شادی کسی اچھی سی لڑکی کے ساتھ ہو جائے جس کا تعلق خود ان کے خوجہ فرقے سے ہو یا کسی دوسرے اچھے خاندان سے۔ چنانچہ میرے والد کے لیے مناسب رشتے کی تلاش شروع کر دی گئی۔ میرے دادا میرے والد کی پانیلی چھوڑ کر گونڈل میں ایک نئی زندگی مستقل آغاز کرنے سے قبل ہی ان کی شادی کر دینا چاہتے تھے۔ رشتے کی تلاش میں وہ پانیلی سے باہر نکل گئے اور وہاں سے تقریباً دس میل کے فاصلے واقع دھافہ نامی گاؤں میں جا پہنچے، انہوں نے فیصلہ کیا کہ ایک معزز گھرانے کی لڑکی میٹھی بائی ان کے بیٹے کے لیے موزوں دلہن ثابت ہو گی۔ رشتے طے کرانے والوں کی معرفت لڑکی کے والدین سے رابطہ قائم کیا گیا۔ وہ لوگ رشتہ کرنے کے لیے تیار ہو گئے۔ اس طرح میرے والد جناح اور میری والدہ میٹھی بائی کی شادی دھافہ میں 1874ء کے لگ بھگ انجام پائی۔

میرے والد کا کاروبار پھیلتا گیا۔ اور وہ اپنے مستقبل کے بارے میں کافی پر اعتماد ہوتے گئے۔ تاہم ان کی رگوں میں سخت محنت کرنے اور مزید بڑا کاروبار کرنے کی خواہش بدستور موجود رہی، انہوں نے جس راستے کا بھی انتخاب کیا، اس پر آگے بڑھنے کے لیے سخت جانفشانی سے کام کیا۔ سستی، کاہلی اور مطمئن ہو کر بیٹھے رہنے کو وہ اپنی راہ کی رکاوٹیں گردانتے تھے۔ فرض سے سچی لگن اور طویل اور سخت محنت کو وہ زندگی میں کامیابی حاصل کرنے کی قیمت تصور کرتے تھے جو بخوشی ادا کی جانی چاہیے۔ گونڈل انہیں اپنی خواہشوں اور پھیلے ہوئے خوابوں کی تکمیل کے لیے بہت چھوٹی سی جگہ محسوس ہونے لگی۔ وہ بمبئی جیسے بڑے شہر کے متعلق سن چکے تھے جو خوشحالی کا مسکن تھا اور جہاں کے کاروباری گھرانے بے تحاشا مال و دولت کے مالک تھے۔ وہ بمبئی کے نسبتاً چھوٹے ایک دوسرے شہر کراچی کے بارے میں بھی حوصلہ افزاء خبریں سن چکے تھے جس نے گزشتہ چند برس کے دوران ایک اہم بندرگاہ کی حیثیت حاصل کر لی تھی اور وہ تجارتی مرکز کی حیثیت سے بھی تیزی سے پھل پھول رہا تھا۔ انہوں نے سوچنا شروع کر دیا کہ گونڈل کو چھوڑ کر اچھے مستقبل کی تلاش میں انہیں بمبئی جانا چاہیے یا کراچی۔ اگر وسیع تر کاروباری مواقع انہیں بمبئی جانے کی ترغیب دے رہے تھے۔ مگر تقدیر ان کے بارے میں اپنا فیصلہ سنا چکی تھی اور یہ ایک ایسا فیصلہ تھا جس کے نتیجے میں میرے والدین کا کاٹھیاواڑ سے کراچی منتقل ہو گئے۔

میرے والد نے اس سے پہلے کراچی جتنا بڑا شہر نہیں دیکھا تھا۔ اگرچہ اس وقت تک اس شہر کی شہرت کے باعث محض کھڈا ہی تھا۔ یہاں کشتیاں روزانہ تازہ مچھلی پکڑ کر لاتی تھیں جنہیں دھوپ میں کھلی جگہوں پر خشک کرکے مچھلی گودا موں میں ذخیرہ کر لیا جاتا تھا۔ یہ گودام ساحل کے ساتھ ساتھ بے ترتیبی سے قائم کئے گئے تھے۔ تب کھارادر محض چند لوگوں کے مجموعے کا نام تھا اور جیسا کہ اس کے نام سے واضح ہے یہاں بحیرہ عرب کا نمکین پانی سڑکوں اور گلی کوچوں تک میں آتا رہتا تھا۔ میٹھا ور میں لیاری اور ملیر دریاؤں کا میٹھا پانی صرف گھٹنے کی گہرائی تک کنواں کھودے پر نکل آیا کرتا تھا۔ صدر کے علاقے میں برطانوی فوجی دستے مقیم ہوا کرتے تھے اور ان کی کنٹونمنٹ اور بیرکس وہیں آباد تھیں۔ میرے والد نے دو کمروں پر مشتمل ایک چھوٹا سا مکان نیونہم روڈ کھارادر میں کرائے پر لے لیا۔ یہ علاقہ شہر کا کاروباری مرکز تھا۔ یہاں بہت کاروباری گھرانے آباد تھے اور ان میں سے بعض گجرات اور کاٹھیاواڑ سے آئے تھے۔

وہ عمارت جس میں ہمارا گھر تھا، چونے کے ساتھ پتھروں کی چنائی کرکے تعمیر کی گئی تھی اور اس کے فرش اور چھتیں لکڑی کے تختوں سے بنائی گئی تھیں۔ ہمارا اپارٹمنٹ پہلی منزل پر واقع تھا۔ جس میں لکڑی اور لوہے سے بنی ہوئی ایک کشادہ بالکونی بھی تھی جو باہر کی جانب سڑک کے اوپر پچھے کے اضافہ کرکے بنائی گئی تھی۔ یہ بالکونی دن کے وقت بیٹھنے کے لیے ٹھنڈی اور ہوادار تھی اور رات کو اس میں ایک چارپائی بچھائی جاسکتی تھی۔ بالکونی اور دونوں کمروں کا رخ مغرب کی جانب تھا جو کراچی میں مکانوں کا بہتر رخ شمار کیا جاتا ہے کیونکہ اس جانب سے سمندر کی ٹھنڈی اور تیز ہوا اسارا سال آتی رہتی ہے۔

نوجوان مسٹر جناح کو شروع شروع میں کسی اچھے منافع بخش کاروبار کی تلاش میں کافی مشکل ہوئی۔ انہوں نے یکے بعد دیگرے کئی کاروباروں میں قسمت آزمائی کی اور پھر بتدریج ان کی آمدنی میں اضافہ ہونے لگا۔ ان کی قسمت ان دنوں عروج پر تھی۔ وہ جس کام میں بھی ہاتھ ڈالتے، ان کے وارے نیارے ہو جاتے۔ اس زمانے میں کراچی میں کچھ برطانوی فرمیں تھیں جو کراچی اور دوسرے اندرونی علاقوں کی پیداوار یورپ اور مشرق بعید کے ملکوں کو برآمد کرتی تھیں۔ یہ فرمیں انگلینڈ سے روزمرہ استعمال کی چیزیں درآمد کرتی تھیں۔ گراہمز ٹریڈنگ کمپنی ایک ایسی ہی فرم تھی اور اس کا شمار کراچی میں درآمد برآمد کا کاروبار کرنے والے صف اول کے اداروں میں ہوتا تھا۔

میرے والد نے کسی سکول سے انگریزی کی باقاعدہ تعلیم حاصل نہیں کی تھی مگر انہوں نے اپنی محنت اور فطری میلانِ طبع کے باعث روانی سے انگریزی میں بات کرنا سیکھ لیا تھا۔ اس زمانے میں سے اچھا خاصا کمال سمجھا جاتا تھا۔ کیونکہ تب ایک کراچی کے چند ایک تاجر ہی انگریزی میں بات چیت کرنے کے قابل تھے۔ شاید یہ ان کی انگریزی میں بات چیت کرنے کی قابلیت ہی تھی جس کے باعث وہ گراہمز اینڈ کمپنی کے جنرل منیجر کے کافی قریب آ گئے اور یہ تعلق ان کے کاروبار کی تیزی سے ترقی کے لیے بہت بڑی نعمت ثابت ہوا۔

کئی برس بعد جب ہمارا گھرانہ کچھ عرصے کے لیے رتنا گیری میں مقیم تھا تو میرے والد مجھے اور میری دو بہنوں کو رات کے وقت انگریزی لکھنا پڑھنا سکھایا کرتے تھے۔ وہ ڈسپلن کی سختی سے پابندی کرتے تھے اور ہمیں انگریزی پڑھنے کے اس گھنٹے کے دوران ایسا رویہ اختیار کرنا پڑتا تھا۔ گویا ہم سکول میں اپنے کلاس روم میں ہوں، ہم بچوں کو اپنے والد بہت بڑے آدمی نظر آتے تھے۔ ایک ایسے بڑے آدمی جو نہایت اچھی انگریزی بول سکتے تھے۔ ہم ان پر رشک کیا کرتے تھے اور ہماری بڑی خواہش ہوتی تھی کہ ہم بھی ان کی طرح عمدہ انگریزی میں بات کر سکتیں۔ کبھی کبھی جب ہم تینوں بہنیں مل کر بیٹھتیں اور شرارت کے موڈ میں ہوتیں تو اپنے والد کی انگریزی کی نقل اتارا کرتیں۔ ہم میں سے ایک کہتی: اش فش، اش فش ایس اور دوسری جواب دیتی: اش فش، اش فش، نو....۔ ہم یہ کھیل نہایت سنجیدگی سے کھیلا کرتیں اور جھوٹ موٹ یوں ظاہر کرتیں گویا اگر ہم پہلے یہ انگریزی پر عبور حاصل نہیں کر چکیں تو اسے سیکھنے کے مرحلے تک ضرور پہنچ چکی ہیں۔ ان دنوں قندھار سے بہت سے افغان تاجر کاروبار کے لیے آیا کرتے تھے۔ میرے والد کے ان لوگوں کے ساتھ وسیع کاروباری سودے ہوا کرتے تھے۔ کئی برس تک ان کے ساتھ گفتگو کرتے رہنے سے میرے والد نے فارسی بولنے میں بھی کافی مہارت حاصل کر لی تھی۔ میں نے اکثر روانی سے فارسی زبان میں بات کرتے دیکھا۔ کاٹھیاواڑ سے تعلق رکھنے کے باعث ہمارے گھر میں گجراتی زبان بولی جاتی تھی مگر کراچی میں مقیم ہونے کے بعد ہمارے گھرانے کے کچھ افراد کچھی اور سندھی بھی روانی سے بولنے لگے۔

گراہمز ٹریڈنگ کمپنی کے ساتھ کاروباری تعلقات استوار ہو جانے کے بعد میرے والد نے دوسری کاروباری دلچسپیوں کے علاوہ مچھی کے جیلاٹن اور گوند کا کاروبار شروع کر لیا۔ ان کے

کاروباری تعلقات کئی ملکوں تک پھیل چکے تھے۔ جن میں انگلینڈ اور ہانگ کانگ خاص طور پر قابلِ ذکر تھے۔ چونکہ ان ملکوں کے کاروباری اداروں کے ساتھ انگریزی میں خط و کتابت کرنا پڑتی تھی۔ لہٰذا میرے والد نے انگریزی لکھنا پڑھنا سیکھ لیا تھا۔

ان دنوں کھارا در کے بعض کاروباری حضرات تجارت کے علاوہ بنکاری بھی کرتے تھے۔ سندھ، بلوچستان اور پنجاب جیسے ساحل سے دور علاقوں کی تمام تر تجارت کراچی کی بندر گاہ سے ہوتی تھی اور بنکاری کی باقاعدہ اور موزوں سہولتوں کی عدم موجودگی میں رقوم کی منتقلی کا زیادہ تر کام کراچی کی انہی فرموں کے تعاون اور توسط سے انجام پایا جاتا تھا۔ بہت سے گھرانے اپنی بچت کی رقوم بھی ان فرموں کے پاس جمع کروا دیا کرتے تھے۔ بالکل اسی طرح جیسے آج کل ہم لوگ بنکوں میں اپنا روپیہ رکھ دیتے ہیں۔ اگرچہ اس وقت ان فرموں کے ہاں بنکاری کا مکمل اور جدید ترین نظام موجود نہیں تھا۔ مگر یہ تاجر انتہائی دیانت دار ہوتے تھے اور ان کا زبانی وعدہ بھی سب سے بڑی یقین دہانی ہوا کرتا تھا۔ میرے والد کی فرم جناح پونجا اینڈ کمپنی بھی اس قسم کا ایک ادارہ تھی۔ جس کا کاروبار کافی وسیع تھا اور منافع بخش خطوط پر چل رہا تھا۔ اس فرم پر کاروباری طبقے اور عام لوگوں کو مکمل اعتماد تھا۔

میرے والدہ امید سے تھیں اور میرے والد اپنی نوجوان بیوی کی پوری طرح دیکھ بھال کر رہے تھے، دونوں میاں بیوی اپنے پہلے بچے کی ولادت کے بارے میں خاصے خوش اور مسرور تھے۔ اس وقت کراچی میں میٹرنٹی ہوم نام کی شاید ہی کوئی چیز تھی۔ بس چند ایک دائیاں تھیں جن کے اپنے پیشے میں شہرت اچھی تھی۔ لہٰذا انہی کو چاروں طرف سے بلاوے آتے رہتے تھے اور وہ خاصی مصروف رہا کرتی تھیں۔ بچے کی ولادت سے قبل زچہ اور بچہ کی صحت کے لیے حفاظتی تدابیر اور علاج معالجہ وغیرہ سے کوئی آگاہ نہ تھا، بلکہ عین ولادت کے موقع پر دائی کو گھر بلایا جاتا تھا۔ متمول علاقہ ہونے کی وجہ سے کھارا دار میں ایک دائی رہتی تھی۔ جسے شہر کی بہترین دائی سمجھا جاتا تھا۔ اسے زچگی کے روزمرہ کے واقعات میں مسلسل خدمات سر انجام دینے کے باعث اس قسم کے امور کا کافی تجربہ تھا۔ چنانچہ والدہ نے اس عورت کی خدمات پہلے سے حاصل کر لیں۔ اسی عورت کے ہاتھوں میری والدہ کے ہاں ان کے پہلے بچے کی ولادت عمل میں آئی۔ یہ لڑکا تھا۔ اس روز تاریخ تھی 25 دسمبر 1876ء اور اتوار کا دن تھا۔

بچہ کمزور اور دبلا پتلا سا تھا۔ اس کے ہاتھ لمبے اور پتلے پتلے تھے۔ سڑا اور لمبوترا سا تھا۔ والدین اس کی صحت کے بارے میں بہت پریشان تھے۔ بچے کا وزن بھی معمول سے کئی پونڈ کم تھا۔ انہوں نے بچے کا ایک ڈاکٹر سے معائنہ کرایا۔ جس نے بتایا کہ ظاہری کمزوری کے سوا بچے کی صحت یا اعضاء میں کوئی نقص نہیں ہے اور یہ کہ والدین کو اس کی صحت کے بارے میں زیادہ پریشان نہیں ہونا چاہیے، مگر ایک ڈاکٹر کی خالی خولی یقین دہانی سے ایک شفیق ماں کے خدشات اور تشویش کیونکر ختم ہو سکتی تھیں۔

اس کے بعد بچے کا نام رکھنے کا سوال پیدا ہوا۔ اب تک کاٹھیاواڑ میں آباد ہمارے خاندان کے مردوں کے نام بڑی حد تک ہندوؤں کے ناموں سے ملتے جلتے تھے، مگر سندھ ایک مسلم صوبہ تھا اور یہاں والدین کے پاس پڑوس میں آباد لوگوں کے بچوں کے نام مسلمانوں جیسے تھے۔ والدین کا اتفاق رائے اس پر ہوا کہ ان کے پہلے بیٹے کا نام محمد علی اچھا رہے گا۔ چنانچہ انہوں نے اپنے بچے کا نام یہی رکھا۔

میری والدہ محمد علی سے انتہائی محبت کرتی تھیں اور اس حقیقت کے باوجود کہ انہوں نے بعد ازاں چھ اور بچوں کو بھی جنم دیا۔ وہ اپنی زندگی کے آخری لمحے تک محمد علی سے سب سے زیادہ پیار کرتی رہیں۔ رحمت، مریم، احمد علی، شیریں، فاطمہ اور بندہ علی ان کے دیگر بچے تھے، جن میں تین بیٹے اور چار بیٹیاں تھیں۔

میرے والد کے کندھوں پر بڑھتے ہوئے کاروبار کی بھاری ذمہ داریاں تھیں، مگر میری والدہ کا مسلسل اصرار تھا کہ محمد علی آبائی گاؤں پانیلی سے دس میل کے فاصلے پر واقع گاؤں میں حسن پیر کی درگاہ پر لے جا کر ان کی رسم عقیقہ وہاں ادا کی جائے۔ بچپن ہی سے میری والدہ نے اس درگاہ میں مدفون اس پیر کے عقیدت مندوں سے ان کی معجزہ نما قوتوں کے بارے میں بہت کچھ سن رکھا تھا۔ ان (میٹھی بائی) کی والدہ کی پیش گوئی نے انہیں یقین دلا دیا تھا کہ ایک عظیم مستقبل محمد علی کا منتظر ہے۔ اس لیے بھی وہ اسے حسن پیر کی درگاہ پر لے جانا چاہتی تھیں۔ اس زمانے کے رواج کے مطابق وہاں محمد علی کے سر کے بارے اتارنے کی رسم منعقد کی جانی تھی۔ بچے کی والدہ اپنی منت پوری کرنے کے لیے مقدس پیر کی نواز شات طلب کرنا چاہتی تھی۔ پہلے پہل تو میرے والد نے یہ کہہ کر اس سے بچنے کی کوشش کی کہ وہ ایک ماہ سے زائد عرصے تک کراچی سے باہر نہیں رہ سکتے۔

مگر آخرکار انہیں اپنی نوجوان بیوی کے دلائل کے سامنے نرم ہونا پڑا۔ اور یوں اپنے چند ماہ کے بیٹے کے ساتھ ہمارے والدین نے کراچی سے ویراوال جانے والی ایک بادبانی کشتی میں اپنی نشستیں بک کروالیں، ویراوال نامی بندرگاہ کاٹھیاواڑ میں واقع ہے۔ اس سفر میں طوفان اور شدید سمندری بارش سے دوچار ہونے کے خدشات بھی موجود تھے، مگر انہوں نے اس کی کوئی پرواہ نہ کی۔

کشتی خراب حالت میں تھی جو مسافروں کے بوجھ سے بری طرح لدی ہوئی تھی، طوفان میں پھنس گئی اور کھلے سمندر میں لکڑی کے تختے کی طرح ڈگمگانے لگی۔ کشتی میں موجود لوگ خوف و ہراس میں مبتلا تھے۔ ایسے موقعوں پر گھبراہٹ بہت تیزی سے پھیلا کرتی ہے۔ میرے والد سر اُٹھا کر آسمان کی طرف دیکھتے کہ نہ جانے یہ طوفان کب تھمے گا، میری والدہ اپنے بیٹے کو سینے سے لگائے کشتی کے مسافروں کا سفر بخیر و عافیت ختم ہونے کی دعائیں کر رہی تھیں۔ جس میں ان کا لاڈلہ بیٹا محمد علی بھی شامل تھا۔ طوفان کے بعد سمندر پر عجیب و غریب سکوت طاری ہو گیا اور کشتی بآسانی اپنی منزل کی طرف بڑھتی چلی گئی۔ کئی روز بعد میری والدہ نے والد کو بتایا کہ پریشانی کے ان لمحات کے دوران انہوں نے منت مانی تھی کہ اگر وہ سب بحفاظت اپنی منزل پر پہنچ گئے تو وہ گانو میں حسن پیر کے مزار پر مزید ایک روز قیام کریں گی اور اللہ تعالیٰ کی رحمت پر اس کا شکر ادا کریں گی۔

کشتی ویراوال بندرگاہ پر لنگر انداز ہوئی اور بخیر و عافیت خشکی پر قدم رکھنے میں کامیاب ہو گئے وہاں سے گانو تک چند میل کا فاصلہ طے کرنے کے لیے انہوں نے ایک بیل گاڑی کرائے پر لے لی۔ بحیرہ عرب میں ایک طوفانی سفر اور ہچکولے کھاتے ہوئے بیل گاڑی میں سواری کے بعد یہ لوگ بالآخر اپنی منزل پر جا پہنچے۔ اور اب میر اچھوٹا بھائی محمد علی اپنی والدہ کی آغوش میں اور بے شمار رشتہ داروں کے ہجوم میں گھر احسن پیر کی درگاہ پر سر منڈانے کے لیے تیار بیٹھا تھا۔ یوں میری والدہ کی منت پوری ہو گئی۔

حسن پیر کی زندگی کے حقائق داستانوں کے ساتھ یوں غلط ملط ہو گئے ہیں کہ انہیں ایک دوسرے سے الگ کرنا ممکن نہیں۔ تاہم یہ بات مسلم ہے کہ حسن پیر اسماعیلی مبلغ کی حیثیت سے ایران سے خشکی کے راستے بلوچستان سے ہوتے ہوئے اس علاقے میں آئے تھے۔ راستے میں انہوں نے کچھ عرصہ ملتان میں بھی قیام کیا تھا۔ ان کی صوفیانہ اور مثالی زندگی کے باعث بہت سے لوگ ان کے عقیدت مندوں میں شامل ہو گئے تھے اور بہت سے غیر مسلموں نے ان کے ہاتھ پر

اسلام قبول کر لیا۔ یہ بزرگ بعد ازاں سندھ کی جانب روانہ ہو گئے۔ جہاں انہوں نے تبلیغ کا کام جاری رکھا، پھر وہ کچھ میں آ نکلے، اور بالآخر پانیلی کے قریب ایک مقام پر خیمہ زن ہوئے۔ انہوں نے اپنی باقی ماندہ زندگی اس علاقے میں آباد غیر مسلموں کو اسلام کی تبلیغ کرنے میں گزار دی۔

کہا جاتا ہے کہ وہ مافوق الفطرات قوتوں کے مالک تھے، ان کی ذات سے بہت سی حکایات وابستہ ہیں، اس قسم کی باتیں عموماً ایسی شخصیات سے وابستہ کر دی جاتی ہیں جن کی زندگی کے اصل واقعات اور کارنامے تاریخی شہادتوں سے محروم ہوا کرتے ہیں۔

کہا جاتا ہے کہ حسن پیر ان مسلمان صوفیائے کرام کے نقش قدم پر گامزن تھے، جن کے دن قرآن کی تعلیم اور اسلام کا پیغام پھیلانے اور راتیں عارفانہ مراقبوں میں گزرتی ہیں، ان کی عادت تھی کہ رات کو جلدی سو جایا کرتے تھے اور علی الصبح دو بجے کے قریب بیدار ہو کر اپنے خیمے کے باہر دریائے بدھار کے کنارے صبح کی نماز تک استغراق رہا کرتے تھے۔ ایک رات جب وہ رب سے لو لگائے بیٹھے تھے کہ پانی کی ایک بہت بڑی لہر دریا کا کنارا اچھلانگ کر حفاظتی پشتے سے بھی آگے تک نکل گئی۔ دریا کے منہ زور پانی کے اچانک آنے والے ریلے کے بہاؤ پر سفر کرتی اس جگہ کے قریب کنارے سے اگلی جسے گانو گاؤں کہا جاتا ہے، یہاں راباری ذات کے غیر مسلموں کی اکثریت آباد تھی۔ ان لوگوں کا آبائی پیشہ گائیں پالنا تھا۔

علی الصبح جب چند راباری دریائے بدھار کے کنارے پہنچے تو انہوں نے حسن پیر کی لاش دیکھی جسے دریا کی لہریں ساحل پر چھوڑ گئی تھیں۔ انہوں نے ان بزرگ کو فوراً پہچان لیا، جن کی شہرت پانیلی گاؤں کی جغرافیائی حدود سے نکل کر آس پاس کے علاقوں تک پھیل چکی تھی، راباریوں کے بڑوں نے باہم صلاح مشورہ کیا۔ انہوں نے محسوس کیا کہ ان بزرگ کی نعش انہیں قدرت کی جانب سے تحفے میں دی گئی ہے۔ چنانچہ وہ اس کی شایانِ شان طریقے سے تدفین کریں گے اور ان کا مزار بھی تعمیر کرائیں گے۔ ان لوگوں کا خیال تھا کہ حسن پیر کی درگاہ تعمیر کرنے سے ان کے گاؤں میں خوشحالی آ جائے گی۔

اس طرح حسن پیر گانو گاؤں میں دفن ہوئے۔ برسوں گزر جانے کے باوجود گونڈل ریاست کے لوگوں کا حسن پیر کی درگاہ کی زیارت کرنے کے لیے جوش و خروش کم نہیں ہوا۔ یہاں

تک کہ ان بزرگ کی درگاہ پر آج بھی ان کا عرس ہر سال باقاعدگی سے منعقد ہوتا ہے۔ جس میں ان کے ہندو اور مسلمان عقیدت مند شریک ہوتے ہیں۔

حسن پیر کی درگاہ پر عقیقہ کی رسم سرانجام دینے کے بعد میرے والدین بالوں سے صاف سر والے ننھے بیٹے کو لے کر اپنے آبائی گاؤں پانیلی آگئے۔ یہ سفر بھی انہوں نے بیل گاڑی میں طے کیا۔ میرے والد کے لڑکپن کے دوست اور رشتہ دار کراچی میں ان کی کامیابیوں کے بارے میں شاندار کہانیاں سن چکے تھے۔ اس کامیابی نے انہیں اس قدر اہمیت دلا دی تھی کہ ان کے آبائی گاؤں کے باشندوں کی نظروں میں ان کے لیے بے حد احترام پیدا ہو گیا تھا۔ میری والدہ نے اپنے چہیتے بیٹے کی ولادت کی خوشی منانے کے لیے ایک دعوت کا اہتمام کیا۔ جس میں پورے گاؤں کو رات کے کھانے پر بلایا۔ اپنے بچپن کے دنوں میں، میں نے اپنے بزرگوں سے سنا۔ اس روز پانیلی کے کسی ایک گھر میں بھی چولہا نہیں جلایا گیا تھا۔ لوگوں کے گھروں میں کھانے پکانے کے برتن اور کھانا کھانے کی پلیٹیں بدستور باورچی خانوں کے طاقچوں میں پڑی رہیں۔ گویا یہ بھی اپنی اپنی جگہوں پر آرام کرتے ہوئے ننھے محمد علی کی پیدائش کی خوشی منا رہی ہوں، جو پانیلی کے ایک دیہاتی کا بیٹا تھا۔

پانیلی اور گونڈل میں چند ہفتے قیام کرنے کے بعد میرے والدین اپنے ننھے بیٹے کے ساتھ کراچی واپس آگئے۔ جس کا ننھا ساذہن ابھی اس بات کا ادراک نہیں کر سکتا تھا کہ گانو و اور پانیلی میں اس کی آمد اس قدر جوش و خروش اور پر مسرت تقریبوں کا باعث بنی رہی ہے، کراچی واپس پہنچ کر میرے والد تو اپنی کاروباری ذمہ داریاں نبھانے میں مصروف ہوگئے، جب کہ والدہ نے اپنی تمام تر توجہ اور وقت اپنے نومولود بیٹے کو دینا شروع کر دیا۔

کسی موقع پر پیسوں کی شدید ضرورت کے باوجود، خاص طور پر جب والدہ کی یہ خواہش ہوتی۔ میرے والد بودوباش اور روپے پیسے کے معاملے میں محتاط تھے۔ ایک تاجر جو ایک نئے شہر میں پاؤں جمانے کے لیے جدوجہد کر رہا تھا، اسے چھوٹی چھوٹی رقوم کے معاملے میں محتاط ہونا ہی چاہئے تھا۔ یہ گھرانہ سادہ زندگی بسر کرتا تھا۔ شان و شوکت کی کمی کو ایک خوش و خرم زندگی کے تپاک سے پورا کیا جاتا۔ اگرچہ میرے والد کا کاروبار کافی پھیل گیا۔ تب بھی بے مصرف کاموں پر روپیہ خرچ نہ کرنے کی عادت بر قرار رہی۔ دولت آنی جانی چیز ہے، یہ آج آپ پر مہربان ہو سکتی

ہے مگر کون جانتا ہے کہ کل اس کا موڈ کیا ہو گا۔ میرے والد نے اسی اصول کے تحت گھر کا بجٹ چلایا۔ جب ہم لوگ بڑے ہوئے تو اس بات کا ہمارے ذہنوں پر بہت گہر ااثر موجود تھا۔ قائد اعظم کی زندگی کا یہ انداز ایسا تھا جو ہمیشہ بر قرار رہا۔

محمد علی اب تقریباً چھ سال کے ہو چکے تھے اور میرے والدین نے انہیں گھر پر ہی گجراتی پڑھانے کے لیے ایک استاد کی خدمات حاصل کر لیں۔ ان کا خیال تھا کہ ان کا بیٹا ابھی بہت چھوٹا ہے اور سب سے قریبی سکول بھی ہمارے گھر سے کافی فاصلے پر تھا۔ یہ فاصلہ اتنا تھا کہ والدین کے خیال میں چھ سال کا بچہ اسے پیدل طے کرنے کے قابل نہیں تھا۔ محمد علی کو پڑھنے کے لیے جو سبق دیا جاتا، وہ اس سے لاپرواہ سے رہتے۔ وہ قطعی طور پر جمع تفریق کی حسابی دنیا میں داخل ہونے کے لیے تیار نہ تھے۔ اس طرح استاد کے ساتھ ان کا وقت ایک ناگوار مجبوری کی حالت میں گزرتا۔ اس کے برعکس جب وہ پڑوسی لڑکوں کے ساتھ کھیل میں مشغول ہوتے تو زیادہ جوش و خرم رہا کرتے اور زیادہ بے تکلفی سے کام لیتے۔ ان لڑکوں میں انہیں کھیلوں میں مہارت رکھنے والے بچے کی شہرت حاصل تھی۔ ان کے ساتھ انہیں اپنے بچگانہ ذہنوں میں اپنا لیڈر تصور کرتے اور محمد علی نے بھی محسوس کرنا شروع کر دیا کہ وہ اپنے ساتھیوں سے بہتر ہے۔ جب وہ نو سال کے ہوئے تو انہیں پرائمری سکول میں داخل کرا دیا گیا۔ جہاں امتحان کے وقت انہیں اپنے ہم جماعت طلباء کے ساتھ پڑھائی میں مقابلہ کرنا پڑا۔

انہیں یہ دیکھ کر مایوسی ہوئی کہ سکول میں دوسرے لڑکے ان سے زیادہ نمبر حاصل کرکے ان سے آگے نکل گئے تھے۔ کھیلوں میں وہ دوسرے لڑکوں کو شکست دیا کرتے تھے، وہ خود کو ہمیشہ دوسروں سے بہتر اور برتر سمجھتے تھے، مگر انہیں معلوم ہوا کہ وہ اپنی کلاس میں اول پوزیشن کے مالک نہیں تھے، سکول جانے کے بعد انہیں اپنے کھیل کے اوقات سے کئی گھنٹے پڑھائی کے لیے نکالنے پڑے تھے اور سکول میں اتنا وقت رہ کر بھی انہیں بہترین طالب علم کی حیثیت حاصل نہ ہو سکی تھی۔ اس کا نتیجہ یہ نکلا کہ ان کا دل کتابوں اور سکول سے اچاٹ ہو گیا۔ جس نے میرے والد کو پریشان کر دیا۔ وہ اپنے بیٹے کو مناسب تعلیم دلوانا چاہتے تھے تا کہ وہ میٹرک کرنے کے بعد ان کے ساتھ کاروبار میں شامل ہو سکے۔ میری والدہ جنہیں محمد علی کو خوش بختی پر اندھا اعتماد تھا۔ اکثر

کہا کرتی تھیں "محمد علی بہت بڑا آدمی بنے گا، وہ بہت ذہین اور ہوشیار ہو گا۔ وہ دوسرے لڑکوں سے بہت بہتر ثابت ہو گا۔"

مگر اب انہیں اپنے خواب ٹوٹ کر زمین پر بکھرتے ہوئے محسوس ہو رہے تھے۔ ماں نے انہیں پیار سے سمجھایا کہ وہ باقاعدگی سے سکول جایا کریں اور اپنی تعلیم کی جانب سنجیدگی سے توجہ دیں کیونکہ صرف اس طرح وہ زندگی میں آگے بڑھ سکتے ہیں اور بڑے آدمی بن سکتے ہیں۔ جو دوسروں سے بلند و برتر اور ممتاز ہو گا۔ بچے کی ہٹ دھرمی پر شدید رنجیدہ ہونے کے باوجود والد نے ان کے ساتھ نرمی سے کام لیا اور ان سے کہا کہ وہ اپنی کتابوں پر پوری توجہ دیتے رہیں۔ ننھے محمد علی نے کہا "ابا جان مجھے سکول جانا اچھا نہیں لگتا۔"

"پھر تم کیا کرنا چاہتے ہو؟" ابا جان نے پوچھا۔

"ابا جان میں آپ کے ساتھ دفتر میں بیٹھ کر کاروبار سیکھنا چاہتا ہوں۔"

"مگر ابھی تم اس کے لیے بہت چھوٹے ہو محمد علی۔۔۔"

"میں آپ کے دفتر میں بیٹھ کر سکول کی نسبت زیادہ بہتر کام کروں گا۔"

میرے والد ذہین انسان تھے۔ انہوں نے یہ کہتے ہوئے بیٹے کو ترغیب دینے کی کوشش کی۔

"محمد علی میرے دفتر کا ڈسپلن بہت سخت ہے۔ تمہیں میرے ساتھ صبح آٹھ بجے دفتر جانا پڑے گا۔ دوپہر کے کھانے کے لیے ہم دو بجے سے چار بجے تک گھر آئیں گے۔ اور اسی کے بعد ہمیں دوبارہ چار سے نو بجے رات تک دفتر میں رہنا ہو گا؟"

"میں ایسا ہی کروں گا، ابا جان۔۔۔"

"مگر تمہیں کھیلنے کے لیے بالکل وقت نہیں ملے گا۔"

"مجھے اس کی پروا نہیں۔"

اور یوں ننھے محمد علی والد کے دفتر اور اپنے کمرہ جماعت کے درمیانی فاصلوں کو توڑتے ہوئے میرے والد کے ساتھ شریکِ کار ہو گئے۔ لیکن جلد ہی انہیں اندازہ ہو گیا کہ وہ دفتر میں کوئی کام کرنے کے قابل نہیں ہیں۔ ہر کام کا تعلق لکھنے پڑھنے سے تھا۔ وصول اور ادا کی جانے والی رقوم رجسٹروں اور کھاتوں میں درج کی جاتی تھیں اور انہیں نہ پڑھنا لکھنا آتا تھا اور نہ ہی حساب کتاب۔ دفتر میں وہ صرف چھوٹے موٹے کام کر سکتے تھے جنہیں وہ کرنا پسند نہیں کرتے تھے۔ اس کے

علاوہ مال کی خرید و فروخت اور دوسرے اہم امور کے متعلق ہمارے والد اپنے کاروباری مشیروں یاورکروں کے مشورے سے خود کرتے تھے۔ محمد علی سے نہ تو کوئی مشورہ کرتا تھا اور نہ ہی ان کی رضامندی یا منظوری حاصل کرتا تھا۔ سب سے زیادہ کٹھن بات یہ تھی کہ دفتر میں بیٹھنے سے وہ اپنے پسندیدہ کھیلوں سے یکسر الگ تھلگ ہو کر رہ گئے تھے۔

چنانچہ صرف دوماہ کے اندر ہی وہ دفتر کے کام سے اکتا گئے اور ایک روز انہوں نے میرے والد کو یہ کہہ کر حیران کر دیا "اباجان مجھے دفتر کا کام پسند نہیں ہے۔"

"پھر تم کیا کرو گے محمد علی؟"

"میں واپس سکول جانا چاہتا ہوں۔"

میرے والد بہت خوش ہوئے مگر انہوں نے اپنی خوشی کو چھپائے رکھنا ہی بہتر سمجھا۔ انہوں نے کہا "دیکھو بیٹا زندگی کو سمجھنے کے دو ہی راستے ہیں۔"

"اباجان وہ کون سے ہیں؟" محمد علی نے پوچھا۔

"ایک یہ کہ آپ اپنے بزرگوں کی دانش اور تجربے پر بھروسہ کریں۔ ان کی نصیحت قبول کریں اور ان کے مشورے کے عین مطابق عمل کریں۔"

"اور دوسرا راستہ کون سا ہے اباجان؟"

"دوسرا طریقہ یہ ہے کہ آپ خود اپنے راستے پر چلیں، چاہے غلطیاں کریں مگر ان سے سبق سیکھیں اور زندگی کی شدید اور تکلیف دہ ٹھوکروں اور مشکلات سے زندگی کو سیکھیں اور سمجھیں۔"

کم عمر محمد علی اپنے والد کی باتوں کو پوری توجہ سے سنتے رہے۔ یہ واقعہ قائد کے اس وصف کی وضاحت کرتا ہے کہ وہ زندگی بھر خود اپنے راستے پر چلنے کو ترجیح دیتے رہے۔

سکول واپس لوٹ آنے پر وہ ایک بالکل بدلے ہوئے بچے تھے۔ اب وہ لا تعلق، غیر متوجہ اور اپنے ہم جماعتوں سے کسی طرح بھی پیچھے نہ رہتے تھے۔ وہ اپنے ضائع شدہ وقت کی تلافی کرنا چاہتے تھے۔ کیونکہ ان کے ہم عمر بلکہ ان سے چھوٹے لڑکے بھی پڑھنے لکھنے میں اب تک ان سے بہت آگے نکل گئے تھے۔ وہ اپنے اسباق انتہائی محنت سے یاد کرتے تھے۔ وہ رات گئے تک پڑھتے رہتے تھے۔ وہ آگے بڑھنے کا عزم کر چکے تھے۔ میرے والد محمد علی کی سنجیدگی سے پڑھائی پر توجہ

دینے سے بہت خوش تھے، ایک روز سرِ راہ ان کی ملاقات اپنے بیٹے کے استاد سے ہوئی تو انہوں نے پوچھا کہ ان کا بیٹا پڑھائی میں کیسا جا رہا ہے؟ استاد نے کہا :

”وہ بہتر ہوتا جا رہا ہے۔ مگر میں آپ کو یہ بتانا ضروری سمجھتا ہوں کہ آپ کا بیٹا حساب میں بہت کمزور ہے۔“

اس سے میرے والد کے بے حد مایوسی ہوئی۔ ان کا پہلے ہی خیال تھا کہ ان کے بیٹے کی والدہ کے یقین کے عین برعکس ان کا بیٹا غیر معمولی ذہانت اور اوصاف کا مالک نہیں تھا۔ اور نہ ہی ان کا بیٹا جوان ہو کر ان کے لیے قبل از وقت سہارے کا باعث بن سکے گا۔ وہ اپنے اساتذہ کے سامنے پہلے ہی خود کو ایک ہونہار طالب علم ثابت نہیں کر سکا۔ ان کا خیال تھا کہ سخت امتحان کے بل پر وہ امتحان میں کامیابی تو حاصل کر لے گا، لیکن اس کے بعد دفتر کے کلرکوں کے گمنام عہدوں میں گم ہو کر رہ جائے گا۔ میرے والد چاہتے تھے کہ محمد علی حساب میں طاق ہو جائے کیونکہ کاروبار میں حساب کتاب ریڑھ کی ہڈی کی حیثیت رکھتا ہے۔ وہ چاہتے تھے کہ جب ان کا بیٹا ان سے کاروبار سنبھالے تو ان کی فرم جناح پونا اینڈ کمپنی ایک فعال کاروباری ادارے کی طرح آگے ہی آگے بڑھتی رہے۔ میرے والد سوچنے لگے :

”حساب میں کمزور۔ حیرت ہے یہ لڑکا آخر کیا بنے گا؟“

لیکن محمد علی پر میری والدہ کا اعتماد غیر متزلزل تھا۔ وہ کہتیں :

”تم دیکھا تو سہی میر محمد علی بہت اچھے اچھے کام کرے گا اور بہت سے لوگ اس سے حسد کرنے لگیں گے۔“

میرے والد نے فیصلہ کیا کہ اپنی بیوی کے وجدان پر چلنے کے بجائے انہیں وہ کام کرنا چاہیے جو بظاہر میرے بھائی کے بہترین مفاد میں ہے، انہوں نے محمد علی کو اپنے گھر سے کسی دور کسی سکول بھجوانے کا فیصلہ کیا۔ کیونکہ کھارادر کے پرائمری سکول میں ان کے ہم جماعتوں کے ساتھ میل جول کے ان پر منفی اثرات مرتب ہوئے تھے۔ یہ لڑکے محمد علی کو ہمیشہ کتابیں چھوڑ کر گولیاں، لٹو، گلی ڈنڈا اور کرکٹ کھیلنے کی ترغیب دیتے رہتے تھے۔ چنانچہ والد نے فیصلہ کیا کہ محمد علی کو نیو نہم روڈ پر اپنے گھر سے تقریباً ایک میل کے فاصلے پر واقع سندھ میں مسلمانوں کے واحد سکول مدرستہ الاسلام میں داخل کروا دیا جائے۔ اس سکول کے بانی خان بہادر حسن علی آفندی تھے۔

محمد علی کو سندھ مدرستہ الاسلام میں گجراتی کی چوتھی جماعت میں داخل کرایا گیا، تو ان کی عمر تقریباً دس برس تھی۔ سکول کے ریکارڈ سے پتہ چلتا ہے کہ سکول میں داخل کئے جانے والے لڑکوں میں ان کا نمبر 114 تھا۔ سکول کی تبدیلی سے محمد علی کے اپنی تعلیم کی جانب رجحان میں کوئی تبدیلی نہ آئی اور وہ بدستور سکول میں تعلیم کے میدان میں کامیابی حاصل کرنے کے بجائے کھیل کے گراؤنڈ میں کامیابیاں حاصل کرتے رہے۔

تقریباً انہی دنوں اتفاق سے میرے والد کی اکلوتی بہن بمبئی سے کراچی آئی ہوئی تھی۔ مان بائی کی شادی بمبئی میں ہوئی تھی اور وہ وہیں اپنے خاوند کے ساتھ رہائش پذیر تھیں۔ ہم انہیں مان بائی پوفی (پھوپھی) کہا کرتے تھے۔ وہ نہایت زندہ دل، شگفتہ مزاج اور مزاحیہ طبیعت کی مالک تھیں۔ یہی نہیں، وہ درسی تعلیم کے مقابلے میں کہیں زیادہ ذہین بھی تھیں۔ میرے والد اپنی بہن سے بے حد محبت کرتے تھے۔ اور مان بائی بھی اپنے سب سے چھوٹے بھائی جناح پر جان چھڑکتی تھیں۔ دونوں کے درمیان بے حد محبت تھی اور یہ ان کے آخری دنوں تک بدستور قائم رہی۔ جب میں قائداعظم کے ساتھ اپنی چالیس سالہ رفاقت پر نظر ڈالتی ہوں تو مجھے بے ساختہ دوستی اور خلوص کے وہ رشتے یاد آجاتے ہیں جو میرے والد اور ان کی بہن کے درمیان قائم تھے۔ مجھے اچھی طرح یاد ہے کہ جب کئی سالوں بعد مان بائی اپنے شوہر کے ساتھ کراچی میں مستقل رہائش پذیر ہونے کے لیے آئیں تو وہ اکثر ہمارے گھر آیا کرتی تھیں۔

وہ قصے کہانیاں سنانے میں بڑی ماہر تھیں۔ مجھے آج تک حیرت ہوتی ہے کہ وہ سینکڑوں کہانیاں آخر کس طرح زبانی یاد رکھا کرتی ہوں گی۔ وہ کبھی سکول نہیں گئی تھیں۔ اس لیے یہ ممکن نہیں تھا کہ یہ کہانیاں کتابوں وغیرہ سے پڑھ لیتی ہوں۔ غروب آفتاب کے بعد مان بائی پوفی میری بہنوں اور میرے رشتے کے بھائیوں (کزنز) کو اپنے ارد گرد اکٹھا کر لیتیں۔ وہ ہماری توجہ کا مرکز بن جایا کرتیں اور ہم رات مبہوت اور مسحور ہو کر ان کی کہانیاں سنا کرتے۔ وہ پریوں اور اڑنے والے قالینوں کے لیے کہانیاں سناتیں، جنوں اور بلاؤں کے قصے ہوتے، اور یہ سب ہمارے ننھے منے ذہنوں کے لیے نہایت دلچسپی کا باعث ہوتے۔ یہ کہانیاں ہماری دنیا سے دور آباد کسی دوسرے ہی عالم کے واقعات معلوم ہوتے۔

ایک روز میرے والد، والدہ اور مان بائی پوفی سر جوڑ کر بیٹھے کہ آخر محمد علی کا کیا جائے۔ جس نے اپنی تعلیم پر دلچسپی لینے سے صاف انکار کر دیا تھا۔ اس کی عمر دس سال ہو چکی تھی اور ابھی تک اس نے گجراتی کی چوتھی جماعت بھی پاس نہیں کی تھی۔ مان بائی نے تجویز پیش کی کہ وہ اسے اپنے ساتھ بمبئی لے جائیں گی، امید ہے ماحول کی تبدیلی سے اس کا دل پڑھائی کی طرف مائل ہو جائے گا۔ میری والدہ کو اس تجویز پر راضی کرنے کی کوشش کی گئی اور انہوں نے بادلِ نخواستہ اس کی اجازت دے دی۔ اس طرح محمد علی مان بائی پوفی کے ہمراہ بمبئی چلے گئے۔

محمد علی کو بمبئی کے انجمن الاسلام سکول میں داخل کروا دیا گیا۔ کچھ عرصہ تک محمد علی نے اپنی کتابوں پر سنجیدگی سے توجہ دی۔ چنانچہ انہوں نے گجراتی کی چوتھی جماعت پاس کر لی۔ اس طرح وہ انگریزی کی پہلے کلاس میں داخلہ لینے کے اہل ہو گئے۔ ادھر والدہ کا اپنے چہیتے بیٹے کی جدائی میں برا حال تھا۔ بالآخر ماں کی محبت باپ کی منطق پر غالب آ گئی اور محمد علی بمبئی سے کراچی واپس آ گئے۔

میرے والد نے انہیں ایک مرتبہ پھر سندھ مدرستہ الاسلام میں داخل کرا دیا۔ سکول کے رجسٹر کے مطابق اس مرتبہ کا داخلہ نمبر 178 تھا۔ 23 ستمبر 1887ء تاریخ داخلہ تھی۔ گزشتہ تعلیمی ادارے کے خانے میں انجمن الاسلام سکول بمبئی کا نام درج ہے۔

اب تک محمد علی کو جنون کی حد تک گھڑ سواری کا شوق ہو چکا تھا۔ میرے والد کے پاس سواری کے لیے کئی بگھیاں تھیں۔ جو اس زمانے کے مطابق سواری کا ایک رئیسانہ ذریعہ تھیں۔ موٹر کاروں کا دور ابھی بہت دور تھا۔ میرے والد کے اصطبل میں کئی شاندار گھوڑے تھے۔ محمد علی نے جلد ہی گھڑ سواری سیکھ لی۔ وہ اس کھیل سے بے حد محظوظ ہوتے تھے۔ سکول میں ان کے ایک دوست ہوا کرتے تھے۔ کریم قاسم جو کھارا در ہی کے ایک تاجر کے بیٹے تھے۔ دونوں لڑکے اکٹھے روزانہ دور تک گھڑ سواری کیا کرتے تھے۔

محمد علی اپنے گھوڑوں سے پیار کرتے تھے جو گردنیں تان کر سیدھے کھڑے ہوتے تھے اور طاقت اور خوداعتماد کے مظہر ہوا کرتے تھے۔ انہوں نے دیکھا کہ فطرت کے قاعدے کے تحت زندگی ہمیشہ عمودی خطوط پر استوار ہوتی ہے۔ گھوڑے سیدھے اور تن کے کھڑے ہوتے ہیں۔ درختوں کا حال بھی ایسا ہوتا ہے۔ شاخوں پر پھول عموداً کھلتے ہیں۔ انسان سیدھا کھڑا ہو کر چلتا ہے۔

اسی طرح پرندے اور درندے بھی۔ گنبد اور مینار آسمان کو چھولینے کی تمنا کرلیتے ہیں۔ انہوں نے زندگی میں اصول بنالیا کہ وہ نہ صرف سامنے دیکھیں گے بلکہ اپنا سر بھی بلند رکھیں گے۔ وہ مشکلات کے آگے نہیں جھکیں گے، بلکہ ان کا یہ چیلنج قبول کرکے ان پر قابو پالینے کی جدوجہد کریں گے۔ وہ صنوبر کے اونچے درخت کے مانند بنیں گے، طوفان جسے جھکا سکتے ہیں، مگر جھکا نہیں سکتے۔

وہ سکول میں اپنے دن امتحان میں کامیابیوں کی کوششوں میں گزارنے لگے۔ ان کی شامیں گھڑ سواری کے لیے وقف تھیں۔

مگر تبدیلی کی جانب ان کا رجحان ایک بار پھر غالب آیا اور انہوں نے اپنے والد سے کہا کہ وہ انہیں کسی دوسرے سکول میں داخل کرادیں۔ کچھ بحث و مباحثہ کے بعد میرے والد نے ایسا کرنے پر رضامندی ظاہر کردی۔ سندھ مدرسہ کے ریکارڈ سے پتہ چلتا ہے کہ جب وہ انگریزی کی چوتھی کلاس میں تھے تو 5 جنوری 1891ء کو انہوں نے ایک سکول کو ایک مرتبہ پھر خیرباد کہہ دیا۔ ان کی اگلی درس گاہ لارنس روڈ کراچی کا سی ایم سی ہائی سکول تھا۔ مگر ایسا لگتا ہے کہ انہیں موخرالذکر سکول زیادہ پسند نہیں آیا۔ ایک بار پھر انہوں نے والد سے درخواست کی کہ انہیں واپس سندھ مدرسہ میں داخل کرادیا جائے۔ چنانچہ ان کی اس خواہش کے مطابق ایک ماہ بعد 9 فروری 1891ء کو انہیں تیسری مرتبہ سندھ مدرسہ میں انگریزی کی چوتھی کلاس میں داخل کر دیا گیا۔

اب ان کی عمر پندرہ برس ہو چکی تھی اور میرے والد اپنے بیٹے کے مستقبل کے بارے میں فکرمند ہونے لگے تھے۔ انہیں حیرت ہوتی تھی کہ آخر ان کا بیٹا کیا بنے گا۔

گراہمز ٹریڈنگ کمپنی کے انگریز جنرل منیجر نے جو اب تک میرے والد کا بہت اچھا دوست بن چکا تھا، پیش کش کی کہ وہ محمد علی کو لندن میں اپنی فرم کے صدر دفتر میں تین سال کے لیے اپرنٹس کے طور پر بھجوا سکتا ہے۔ وہاں اسے کاروبار کا نظم و نسق چلانے کی عملی تربیت دی جائے گی۔ یہ تربیت لندن سے واپسی پر محمد علی کے لیے اپنے والد کا کاروبار سنبھالنے میں بہترین معاون ثابت ہو گی۔ جنرل منیجر کو یقین تھا کہ اس مرحلے پر یہ نوجوان اپنے والد کے لیے بہت بڑا اثاثہ ثابت ہو گا اور وہ کاروبار کو مزید پھیلانے میں والد کا مدد گار بنے گا۔ اس تجویز پر خوشحال تاجر کا دل

بے حد خوش ہوا، جو قائل ہو چکا تھا کہ لندن میں ایسے بھرپور عملی تجربے کے بعد ان کا بیٹا خاندانی کاروبار میں یقیناً چند نئی اور منافع بخش راہوں کا اضافہ کرے گا۔

مگر ان کے لیے اصل مسئلہ یہ تھا کہ اس کام پر کتنا روپیہ صرف ہو گا، جس کے بعد طویل عرصے کے دوران تو شاید ان کے خاندان کو فوائد حاصل ہوں گے مگر بیٹے کو اس قسم کی تربیت دلانے سے فوری طور پر فائدے کی بہر حال کوئی امید نہیں تھی۔ میرے والد نے اپنے انگریز دوست سے دریافت کیا کہ کراچی سے لندن میں قیام و طعام پر انہیں ماہانہ کس قدر رقم خرچ کرنا پڑے گی۔ متوقع اخراجات کے اعداد و شمار کا تفصیل اور احتیاط سے جائزہ لیا گیا۔ اگرچہ تین سال کے دوران خرچ کی جانے والی مجموعی رقم خاصی تھی۔ مگر میرے والد نے فیصلہ کیا کہ وہ میسرز گراہمز کے پاس لندن میں یہ رقم پیشگی جمع کرا دیا کریں گے۔ تا کہ ان کا بیٹا اپنی تربیت تسلسل کے ساتھ جاری رکھ سکے۔ انہوں نے سوچا کہ کاروبار کی کامیابی تو ہوا کی طرح عارضی ہوا کرتی ہے اور یہ ہوا پیشگی اطلاع کے بغیر کسی بھی وقت اپنا رخ بدل سکتی ہے۔ جیسا کہ آگے چل کر ایک بزنس مین جو سخت کوشی سے بھرا تھا، کی دانائی بے حد سود مند ثابت ہوئی۔ اس کے بغیر لندن میں میرے بھائی کا کیریئر دفعتاً ختم ہو جاتا۔

مگر میری والدہ بدستور اپنے موقف پر قائم تھیں۔ وہ اپنے لاڈلے بیٹے کو تین برس کے لیے کس طرح خود سے جدا کر سکتی تھیں۔ والد نے انہیں سمجھایا کہ محمد علی کو لندن بھیجنا نہ صرف خود ان کے نوجوان بیٹے کے بلکہ خاندانی فرم جناح پونجا اینڈ کمپنی کے بھی مفاد میں ہو گا اور پھر یہ کہ تین سال کا عرصہ ایسا زیادہ بھی نہیں۔ یہ وقت جلد ہی گزر جائے گا۔ کئی روز کی تسلی دلاسوں اور استدلال کے بعد بالآخر والدہ رضامند ہو گئیں، مگر اس رضامندی کے لیے انہوں نے ایک شرط عائد کر دی۔ ان کے نزدیک کسی غیر شادی شدہ نوجوان کو انگلستان بھیجنا خطرے سے خالی نہیں ہو سکتا تھا۔ خاص طور پر محمد علی جیسے خوبرو نوجوان کا غیر شادی شدہ حالت میں وہاں جانا بالکل ٹھیک نہیں تھا۔ والدہ کو اندیشہ تھا کہ محمد علی انگلستان میں کسی انگریز لڑکی سے شادی نہ کر لیں اور اگر ایسا ہوا تو یہ جناح پونجا خاندان کے لیے ایک سانحے سے کم نہ ہو گا۔ والد ان کے دلائل سے متفق ہو گئے۔ مگر اب سوال یہ اٹھا کہ محمد علی کی شادی کہاں کی جائے۔

میری والدہ کے پاس اس سوال کا جواب پہلے ہی سے تیار تھا۔ وہ پانیلی کی ایک اسماعیلی شیعہ خاندان کو جانتی تھیں۔ جن سے ان کی دور کی رشتہ داری تھی۔ ان کی ایک لڑکی ایمی بائی شادی کے قابل ہو چکی تھیں۔ والدہ کے خیال میں وہ محمد علی کی دلہن بننے کے لیے بالکل موزوں تھی۔ میرے والد کو اس پر کوئی اعتراض نہیں تھا، مگر والدین نے مناسب سمجھا کہ وہ اپنے بیٹے کو بھی اس فیصلے سے آگاہ کر دیں۔ اس زمانے میں بچوں کی شادیاں والدین ہی طے کیا کرتے تھے۔ لڑکی اور لڑکے کے پاس بڑوں کا فیصلہ قبول کر لینے کے سوا کوئی دوسرا راستہ نہیں ہوتا تھا۔ یقیناً والدین جانتے تھے کہ ان کے بچے کے لیے کیا بہتر ہے۔

شاید قائدِ اعظمؒ نے اپنی زندگی کا یہ واحد اہم فیصلہ کسی دوسرے کو کرنے کی اجازت دی تھی۔ وہ اپنی والدہ سے اس قدر محبت کرتے تھے کہ ان کی بات سے انکار نہیں کر سکتے تھے۔ انہیں اپنے والدہ کی دنیاوی معاملات میں فہم و فراست پر اتنا بھروسہ تھا کہ انہیں یقین تھا کہ وہ شاید ہی کوئی غلطی کریں گے، اس زمانہ کے دستور کے مطابق انہوں نے ایک فرمانبردار بیٹے کے طرزِ عمل کا مظاہرہ کیا اور اپنے والدین کا فیصلہ قبول کر لیا۔ اس طرح ان کی منگنی پانیلی کی ایمی بائی سے ہو گئی۔

اس موقع پر اس نوجوان نے، جس کی اپنی سوچ اور اپنی مرضی اور جو زندگی کی مشکلات میں سے اپنا راستہ بنانے کا عزم کر چکا تھا۔ کسی قدر تامل کا اظہار کیا، انہیں ایک ایسی لڑکی کے ساتھ شادی کرنے میں بنیادی طور پر اعتراض تھا کہ انہوں نے اسے نہ کبھی دیکھا تھا اور نہ ہی کبھی اس سے بات کی تھی، مگر یہ اعتراض والدہ کی یقین دہانی کی دھوپ میں ہلکی دھند کی طرح غائب ہو گیا۔ انہوں نے اپنے بیٹے کو یقین دلایا کہ اس قسم کے معاملات میں ماں کی دعائیں بہت بھاری ثابت ہوا کرتی ہیں جن کے نتیجے میں ایسی شادیاں بہت خوش و خرم اور پر سکون ازدواجی زندگی میں منتج ہوا کرتی ہیں۔

اس منگنی کے نتیجے میں بعد ازاں ان کی شادی ہوئی مگر اس سے قبل 30 جنوری 1892ء کو انہیں سندھ مدرسہ کو خیر باد کہنا پڑا جب کہ وہ انگلش کی پانچویں جماعت میں تھے، سکول کے ریکارڈ میں اس واقعہ کا اندراج یوں ملتا ہے: ''محمد علی جناح بھائی اپنی شادی کے سلسلے میں کچھ جانے کے لیے سکول چھوڑ گئے۔''

9 اگست 1947ء کو گورنر جنرل کی حیثیت سے اپنی پہلی تقریر کے دوران انہوں نے اپنے بچپن کی سہانی یادیں تازہ کرتے ہوئے فرمایا: ”ہاں میں کراچی میں پیدا ہوا تھا اور لڑکپن میں کراچی ہی کی ریت پر ہی گولیاں کھیلا کرتا تھا۔ میں نے سکول کی تعلیم کراچی میں حاصل کی تھی۔“

انہوں نے اپنی کوششوں سے بے پناہ تجربہ حاصل کیا تھا اور اسی لیے انہوں نے دوسروں کی جانب سے یہ کرو، اور یہ نہ کرو، ان کے لیے کیا اچھا ہے اور کیا اچھا نہیں ہے۔ جیسے احکامات قبول کرنے سے ہمیشہ انکار کیا۔ یہ عادت جو ان میں بچپن ہی سے راسخ ہو چکی تھی۔ ان کے ذہن کے سیاسی ارتقاء کے ہیجان انگیز زمانے میں بھی ان کی رہنمائی کرتی رہی۔ مگر یہ تضاد انتہائی حیرت کا باعث ہے۔ کہ شریکِ حیات کے انتخاب کے معاملے میں پسند یا ناپسند کا اختیار انہوں نے کلیتہ اپنی والدہ کو دے دیا۔

میرے والد، والدہ، محمد علی، یوفی مان بائی اور کچھ دوسرے رشتہ دار کراچی سے بحری راستے سے ویراوال روانہ ہوئے وہاں سے محمد علی کی برات بیل گاڑیوں کے ذریعے ہمارے آبائی گاؤں پانیلی پہنچی۔

فاصلے غیر متوقع اور دلکش کہانیوں کو جنم دیا کرتے ہیں۔ چنانچہ پانیلی کے سادہ لوح دیہاتیوں کے ذہنوں میں بھی یہ بات سمائی ہوئی تھی کہ جناح بھائی کراچی جیسے بڑے شہر میں جا کر کروڑپتی بن چکے ہیں، وہاں سے وہ یورپ اور مشرق بعید کے ممالک کے ساتھ تجارت کرتے ہیں اور ان کا مال سمندر میں بادبانوں کے بغیر چلنے والے جہازوں کے ذریعے ان دور دراز ملکوں کو بھیجا جاتا ہے اور یہ کہ جناح بھائی کا گھر بہت بڑا ہے۔ سواری کے لیے کئی گاڑیاں اور گھوڑے ہیں۔ جہاں یہ سب ان سادہ لوح لوگوں کی خیال آرائی اور وہم تھا کہ جناح بھائی نے کراچی میں بے پناہ دولت کمائی تھی۔ پونجا گھرانے کو فخر تھا کہ (ان کی) ایک بہت بڑی بارات پانیلی آ رہی ہے۔

میرے والد ان سب باتوں سے آگاہ تھے۔ وہ اپنے اہل خانہ اور اپنے گاؤں کے لوگوں کو مایوس نہیں کرنا چاہتے تھے۔ وہ اپنے ساتھ اپنے رشتہ داروں، دوستوں اور پانیلی میں آباد ہر گھرانے کے سربراہ کے لیے بہت سے تحائف لائے تھے۔ جب ان لوگوں کی تعداد اور ان کے لیے لائے جانے والے تحائف کا مقابلہ کیا گیا تو معلوم ہوا کہ تحائف کی تعداد بہت کم تھی۔ اس پر میرے والد نے اپنے کزن کو مزید تحائف لانے کے لیے گونڈل بھیجا۔ وہ اپنے ساتھی اچھی خاصی

تعداد میں گولے اور پٹاخے بھی لائے گئے تھے تاکہ خواب آلود پانیلی ان کی گرج سے گونج اٹھے اور آنکھیں چند دھیا دینے والی ان کی روشنی ارد گرد میلوں دور آسمانوں پر بکھر جائے۔ اس زمانے میں بینڈ باجے نہیں ہوا کرتے تھے جنہیں پانیلی کی گلیوں میں گا کر ایک امیر آدمی کے بیٹے کی شادی کا فخریہ اعلان کیا جا سکتا۔ تاہم اس موقع کے لیے گونڈل سے نقارے بجانے والوں کو بلایا گیا تھا۔ جو نیم دائرے کی شکل کے نقاروں کو دو پتلی چھڑیوں کی مدد سے بجا رہے تھے۔ نقاروں کے ساتھ مزید کوئی ساز شامل نہیں تھا۔ مگر ان کا شور اس قدر تھا کہ ان کی آواز اور بازگشت ایسی تھی اس سے پانیلی اور اس کے گرد و نواح کا علاقہ گونج اٹھا تھا۔

گاؤں کی عورتیں رسم کے مطابق کئی روز سے تحائف، کپڑے، زیورات اور مٹھائیاں وغیرہ دلہن کے گھر لا رہی تھیں۔ نقارے بجانے والے بارات کے آگے آگے تھے۔ جب کہ خواتین شادی بیاہ کے گیت گاتیں اور رسم کے مطابق راستے میں شاول بکھیر تیں، آہستہ آہستہ سے دلہن کے گھر کی جانب رواں دواں رہتیں۔

ایک ہفتے تک گاؤں کے لوگ دو پہر اور شام کے اجتماعی کھانوں میں مدعو رہے۔ عام حالات میں آزمائش اور دلکش سے محروم پانیلی میں اس شادی کے باعث اب ایک جشن کا سماں تھا۔ جیسے گونڈل کے دیہات میں سے یہ گاؤں ایک روز خواب سے بیدار ہوتے ہی دلہن کی طرح سج گیا ہو۔ میرے والد کو اخراجات کی کوئی پرواہ نہیں تھی۔ آخر یہ ان کے پہلوٹھی کے بیٹے کی شادی تھی اور کسے معلوم تھا کہ ان کے دوسرے بچوں کی شادیاں کراچی میں ہونا تھیں یا بمبئی میں۔ پوری سج دھج سے کی جانے والی اس شادی سے ان کے اپنے گاؤں کے لوگ بے حد متاثر ہوئے۔ والد کے کراچی واپس چلے جانے کے بعد پانیلی کے لوگوں نے کم از کم اتنا ضرور یاد رکھا ہو گا کہ اس گاؤں کی گلیوں میں کھیلنے والے دوسرے بچوں کی طرح عام سے جناح بھائی اب ایک بڑے شہر کے بڑے تاجر بن چکے تھے۔

جشن کے اس موقع پر دولہا کے خیالات کیا تھے۔ ان کا صرف تصور ہی کیا جا سکتا ہے۔ ان کی عمر بمشکل سولہ برس تھی اور ان کی شادی کی جا رہی تھی۔ انہوں نے اپنی بہنوں اور کزنز کے علاوہ اس عمر کی کسی لڑکی سے بات تک نہیں کی تھی۔ انہوں نے اس سے پہلے اپنی دلہن کی شکل تک نہیں دیکھی تھی۔ تاہم وہ اتنا ضرور جانتے تھے کہ انہوں نے اپنے طرزِ زندگی سے انحراف

ضرور کیا تھا۔ وہ اپنے فیصلے خود کرنے کے اپنے مخصوص انداز سے ہٹ گئے تھے۔ وہ اپنی والدہ کی صورت میں تقدیر کے آگے بے بس ہو گئے تھے، جنہوں نے ان کی شادی ایمی بائی سے کرنے کا فیصلہ کیا تھا۔

نظر نہ آنے والے سفید دھاگوں میں پروئی ہوئی پھولوں کی لمبی لمبی لڑیوں میں سر سے پاؤں تک چھپے ہوئے محمد علی پانیلی میں اپنے دادا کے گھر سے دولہا بن کر بارات کے جلوس کے ہمراہ اپنے ہونے والے سسر کے گھر کی جانب روانہ ہوئے۔ جہاں چودہ سالہ ایمی بائی قیمتی نئے ملبوسات اور بھاری بھر کم زیورات پہنے ہاتھوں میں مہندی رچائے دلہن بنی بیٹھی تھیں۔ اس کے لباس اور چہرے پر نہایت قیمتی عطر چھڑکا ہوا تھا۔ گاؤں کے مولوی صاحب نے رسمِ نکاح ادا کی۔ قرانِ حکیم سے چند آیات کی تلاوت کی گئی اور یہ دونوں میاں بیوی بن گئے۔

میرے والد کو کراچی سے گئے چار ہفتے ہو چکے تھے اور ان دنوں مواصلات کے ذرائع بہت محدود تھے۔ ان کے نتیجہ میں یہ ہوا کہ وہ پانیلی میں بیٹھے کراچی میں اپنے کاروبار کے متعلق فکر مند ہونے لگے۔ ان کی جانب سے بے صبری اور گھبراہٹ کا اظہار ہونے لگا۔ ان کی جانب سے بے صبری اور گھبراہٹ کا اظہار ہونے لگا اور انہوں نے اپنی فیصلہ سنا دیا کہ وہ جلد از جلد کراچی واپس جانا چاہتے ہیں۔ مگر سماجی رسوم کی اپنی ایک طاقت ہوا کرتی ہے اور خاص طور پر اپنے زمانے میں ایک دور افتادہ گاؤں میں یہ اور بھی سخت تھیں۔ معاشرتی رسم و رواج کو توڑنا مقدس مذہبی روایات پامال کرنے کے مترادف سمجھا جاتا تھا۔ میرے بھائی کے سسرال والے روایات کی سختی سے پیروی کرنے والے لوگ تھے۔ اور انہوں نے یہ بات شائستگی مگر پوری شدت کے ساتھ اپنے سمدھی جناح بھائی پر واضح کر دی تھی کہ ان کی بیٹی دلہن بننے کے بعد ان کے گھر میں اگر تین ماہ تک ممکن نہ ہو تو کم از کم ایک ماہ تک قیام ضرور کرے گا۔ اس کے بعد ہی اسے اس کے دولہا کے ساتھ کراچی جانے کی اجازت دی جا سکتی ہے۔ میرے والد کے لیے اتنا عرصہ پانیلی میں قیام کرنا ممکن نہیں تھا اور وہ وہ کراچی واپسی کی تیاریوں میں مصروف تھے۔ ادھر میری والدہ اپنے شوہر کو تنہا کراچی واپس جانے کی اجازت دینے کے لیے تیار نہیں تھیں۔ وہ بے حد مصروف آدمی تھے۔ وہ اتنا زیادہ اور گھنٹوں کام کرتے تھے۔ ایسی صورت میں ضروری تھا کہ والدہ ان کے ہمراہ کراچی واپس آ جاتیں۔ گھر بار سنبھالتیں، والد کے لیے کھانا وغیرہ بنا کر گرم گرم ان کی خدمت میں پیش

کرتیں۔ نوکروں پر کون اعتبار کر سکتا ہے؟ وہ نہ صرف صفائی کا خیال نہیں رکھتے بلکہ کھانا بھی اچھا نہیں بناتے اور نہ ہی رات کو صاحبِ خانہ کی آمد کو دیر تک انتظار کر سکتے ہیں۔ اور نہ ہی رات کو ان کی واپسی پر گرما گرم چپاتیاں بنا کر دے سکتے ہیں۔ ان حالات میں والدہ بھی پانیلی میں مزید نہی رک سکتی تھیں۔ البتہ محمد علی پانیلی میں رک سکتے تھے۔ یہاں تک کہ ان کے سسرال والے انہیں ان کی دلہن کو لے کر کراچی لے جانے کی اجازت دے دیتے۔ مگر میرے بھائی والدین کے ساتھ ہی کراچی واپس جانے کو بے تاب تھے۔

نتیجہ یہ ہوا کہ شادی کے بندھن سے باہم وابستہ ہونے والے دونوں خاندانوں کے درمیان اس مسئلے پر گرما گرم بحث شروع ہو گئی۔ دونوں خاندان کئی روز تک باہم مل بیٹھ کر مسئلے کا حل تلاش کرتے رہے۔ مگر اختلافات ختم نہ ہوئے۔ انہیں ایسا محسوس ہوتا تھا جیسے وہ کسی لاینحل معاملے میں اُلجھ کر رہ گئے تھے۔ اس تمام گفت و شنید کے دوران محمد علی اب تک خاموش رہے تھے۔ ان کی حیثیت اکھاڑے کے باہر بیٹھنے والے شخص کی سی تھی۔ اور اکھاڑے کے اندر خاندانی جھگڑے کو نمٹانے کی کوششیں کی جا رہی تھیں۔ مگر جب انہیں یقین ہوا کہ بات چیت تعطل کا شکار ہو گئی ہے تو انہوں نے فیصلہ کیا کہ وہ خود معاملے کو نمٹائیں گے۔

اپنے والدین کو بتائے بغیر محمد علی اپنے سسر اور خوش دامن سے ملنے چلے گئے۔ ان لوگوں نے رسم و رواج کے مطابق اپنے داماد کا گرم جوشی سے خیر مقدم کیا اور ان کی خوب خاطر و مدارات کی۔ انہیں بتائے بغیر کہ وہ کس مقصد کے لیے ان کے پاس آئے ہیں، محمد علی ان کے ساتھ کچھ دیر بیٹھے رہے۔ ان کے سسرال والوں نے یقیناً سوچا ہو گا کہ ان کا داماد کس قدر مہذب، خاموش طبع اور فرمانبردار ہے۔ استقبال اور خوش آمدید وغیرہ کی رسومات مکمل ہو جانے کے بعد محمد علی نے نہایت پختہ لہجے میں بات کا آغاز کیا۔ انہوں نے کہا کہ ان کے والدین پانیلی میں مزید قیام نہیں کر سکتے اور انہیں لازمی طور پر کراچی واپس جانا ہے اور یہ کہ وہ خود بھی ان کے ساتھ ہی جائیں گے۔ وہ اپنی دلہن کو بھی ساتھ لے جانا چاہتے ہیں اور یہ کہ انہیں امید ہے کہ دلہن کے والدین کو کوئی اعتراض نہیں ہو گا۔ لیکن اگر انہوں نے گاؤں کے رسم و رواج کے مطابق کوئی فیصلہ کیا تو ٹھیک ہے ان کی مرضی۔ میرے بھائی نے کہا کہ وہ انہیں (اپنے سسرال والوں) کو یہ بتانے آئے ہیں کہ اس صورت میں وہ اپنی بیٹی کو اپنے پاس رکھ سکتے ہیں اور جب چاہیں اسے کراچی بھجوا سکتے ہیں۔

دلہن کے والدین اس نوجوان کی اپنے سسرال والوں سے اس قدر بے باکانہ گفتگو پر حیران رہ گئے۔ انہوں نے اپنے داماد کو حیرت سے پھٹی ہوئی آنکھوں سے دیکھا۔ اس کے غیر متوقع طور پر مضبوط لہجے اور صاف گوئی پر انہیں بہت حیرت ہوئی۔ تاہم محمد علی نے اپنی بات جاری رکھی اور کہا کہ وہ جلد ہی تین برس کے لیے کراچی سے یورپ روانہ ہو جائیں گے۔ شاید دلہن کے والدین سے اس کے شوہر کی عدم موجودگی میں کراچی بھجیں اور اسے تین سال تک ان کی انگلینڈ سے واپسی کا انتظار کرنا پڑے۔

نوجوان بیٹا اس مسئلے کو سلجھانے میں کامیاب ہو چکا تھا۔ جس میں اس کے والدین کو ناکامی ہوئی تھی۔ اگلے ہی روز محمد علی کے سسرال اور خوش دامن میرے والدین سے ملنے آئے اور بڑی فکر مندی سے پوچھا کہ وہ ایمی بائی کو کب کراچی لے جانا چاہتے ہیں تاکہ وہ اس کی رخصتی کے لیے ضروری انتظامات کر سکیں۔ دونوں خاندانوں کے درمیان اختلاف اور تلخی کی جگہ خیر سگالی کی فضا بحال ہو چکی تھی۔

ہماری خاندانی روایت کے مطابق ایمی بائی کو اپنے سسر کے سامنے آنے کے لیے ہر بار گھونگٹ نکالنا تھا۔ یہ خاوند کے بڑوں کے احترام کی علامت ہوتا تھا۔ مگر اس قسم کے معاملات میں محمد علی کے اپنے نظریات تھے۔ ان کی بیوی ان کے والدین کی بہو ہونے کے ناطے ان کی بیٹی کی سی حیثیت رکھتی تھی اور وہ ان کے خاندان ہی کی ایک فرد تھی اور صرف اس بنیاد پر بڑوں کے سامنے آنے کے لیے گھونگٹ نکالنے کا تکلف کرنا کہ اس کی دادی یا نانی ایسا کیا کرتی تھیں، محمد علی کے نزدیک غیر ضروری تھا۔ میرے والد نے بھی اپنے نوجوان بیٹے کے خیالات کی حمایت کی۔ اس روز سے ایمی بائی نے صدیوں پرانی یہ روایت ترک کر دی جو ہمارے خاندان میں نسل در نسل آ رہی تھی۔

میری والدہ بیٹے سے تین برس کی جدائی کے تصور ہی سے کھوئی کھوئی رہتی تھیں، ان کے لیے یہ بہت طویل عرصہ تھا۔ مگر انہوں نے اس جدائی کو محمد علی کی بہتری کے خیال سے قبول کر لیا تھا۔ انہوں نے اس سے کہا: "میرے بیٹے میں تم سے جدا ہونا پسند نہیں کرتی۔ مگر مجھے یقین ہے کہ انگلینڈ جا کر تم بہت بڑے آدمی بن جاؤ گے۔ یہ میری زندگی کا خواب ہے۔"

ان کا بیٹا خاموشی سے ماں کی باتیں سنتا رہا۔ انہوں نے کہا: ”محمد علی تم ایک لمبے سفر پر جا رہے ہو، ایسا لگتا ہے کہ میں تمہیں انگلینڈ سے واپس آتا دیکھنے کے لیے زندہ رہوں گی۔“ اور اس کے بعد وہ سسکیاں لے کر رونے لگیں۔

محمد علی نے جذبات ہو کر والدہ کو گلے لگالیا۔ میری والدہ نے بیٹے کو الوداع کیا اور کہا: ”محمد علی، خدا تمہاری حفاظت کرے گا۔ وہ میری خواہش کو ضرور پورا کرے گا۔ تم بڑے آدمی بنو گے اور مجھے تم پر فخر ہو گا۔“

<h1 style="text-align:center">تاجر سے بیرسٹر بننے تک</h1>

قطب نما چارٹوں اور پر ستاروں کی مدد سے سمندر کی لہروں پر سفر کرنے والا جہاز اپنی منزل انگلستان کی جانب رواں تھا اور میر ابھائی ایک یکسر اجنبی ملک میں نئی زندگی کا بحر بیکراں میں داخل ہو رہا تھا۔ چند ایک بچوں کے سوا جو اپنے والدین کے ہمراہ اس جہاز میں سوار تھے، محمد علی اس جہاز کا سب سے کم عمر مسافر تھا۔ 1890ء کے عشرے میں ایک عام ہندوستان کی زندگی میں انگلستان کا سمندری سفر نہایت غیر معمولی اور بڑا واقعہ تصور کیا جاتا تھا۔ ایسے ہی سولہ سال کے اس نوجوان کی تن تنہا بحری جہاز پر موجودگی بہت سے لوگوں جن میں اکثریت انگریزوں کی تھی، کے لیے بڑی حیرت اور تعجب کی بات تھی۔ انگریز مسافروں میں سے ایک اس یکا و تنہا نوجوان پر مہربان ہو گیا۔ جس کی ظاہر شکل و صورت میں لڑکپن کی جھلک بدستور نمایاں تھی مگر جس کے اندر اپنی عمر سے کہیں بڑے شخص کی خود اعتمادی موجود تھی۔ اس انگریز نے محمد علی سے پوچھا کہ وہ کس غرض سے انگلینڈ جا رہے ہیں اور یہ کہ وہ وہاں کسی کو جانتے ہیں؟ انگلینڈ میں ان کا قیام کہاں ہو گا؟ اور وہ زندگی میں کیا بننا چاہتے ہیں؟ نوجوان محمد علی نے اس بوڑھے انگریز کو کافی متاثر کیا، جو اسکے ساتھ اپنے بیٹے کا سا برتاؤ کر رہا تھا۔ وہ انگریز روزانہ زیادہ تر وقت میرے بھائی ساتھ باتوں میں گزارتا اور انہیں لندن کے بارے میں ایسی معلومات فراہم کرتا رہتا جو اس کے خیال میں میرے بھائی کے لیے مفید ہو سکتی تھیں۔ اس زمانہ میں بحری جہازوں کو بمبئی سے انگلستان پہنچنے میں تین ہفتے لگتے تھے۔ راستے میں جہاز چند ایک بندرگاہوں پر رکتے تھے اور مسافر اس موقع سے فائدہ اٹھا کر ساحلوں پر سیر و تفریح اور قدرتی مناظر سے لطف اندوز ہو لیتے تھے۔ جہاز جب پورٹ سعید پر رکا تو بوڑھے انگریز نے میرے بھائی کو مشورہ دیا کہ وہ اپنے بٹوے کے بارے میں ہوشیار رہیں،

جس میں نقدی تھی۔ اس نے کہا: "پورٹ سعید پر آپ کو لازمی طور پر محتاط رہنا ہو گا۔ یہاں کے لوگوں کی انگلیاں بہت تیز ہوتی ہیں اور وہ آپ کا پرس نکال لیں گے اور آپ کو پتہ تک نہیں چلے گا۔" محمد علی نے احتیاطی طور پر تھوڑی سی رقم جیب میں رکھ لی اور اس بوڑھے انگریز کی نصیحت کو اپنے احساس ذمہ داری اور چوکسی کے لیے ایک چیلنج کے طور پر قبول کر لیا۔ وہ بظاہر لاپرواہ بنے تنہا پورٹ سعید کی گلیوں میں نکل گئے۔ مگر اندر ہی اندر وہ کسی بھی جیب کترے کا سامنا کرنے کے لیے پوری طرح تیار تھے اور ہر قدم دیکھ بھال کر اٹھا رہے تھے۔ شام ڈھلے جہاز پر واپس آ کر انہوں نے بوڑھے انگریز کے ساتھ پورٹ سعید، اس کے لوگوں اور سمندری ہواؤں کے بارے میں باتیں کرنے کے بعد آخر میں کہا: "آپ نے دیکھا سر میرا بٹوہ ابھی تک محفوظ ہے۔ میں بے حد محتاط رہا ہوں۔"

"مائی بوائے! یہ ہوئی نا بات۔ زندگی میں ہر چیز کے بارے میں محتاط رہنا ہمیشہ بہتر ہوتا ہے۔"

مار سیلز کی بندر گاہ پر اترتے ہوئے اس نے میرے بھائی کو لندن میں اپنے گھر کا پتہ دیا اور کہا کہ وہ کبھی کبھار اس سے ملتے رہیں۔ اگلے چار برسوں کے دوران جب یہ بزرگ انگریز ہندوستان سے واپس اپنے گھر انگلستان آیا تو وہ میرے بھائی کو اپنے گھر دعوت دیتا کہ وہ اس کے اہل خانہ کے ساتھ کھانا کھائیں۔

محمد علی ساؤتھی مپٹن میں جہاز سے اترے، جہاں سے انہیں لندن جانے والی گاڑی میں بیٹھنا ہوتا تھا۔ جب وہ بگھی میں سوار ہو کر شہر کی وسیع و عریض سڑکوں پر نکلے تو اس پر شکوہ دارالحکومت نے انہیں بے حد متاثر کیا۔ آخر بگھی اس ہوٹل کے سامنے پہنچ کر رک گئی جس میں انہیں بگھی کے سائیس نے ٹھہرنے کا مشورہ دیا تھا۔ یہ بہت سستا ہوٹل تھا مگر اس کے باوجود اس میں ایک نجی گھر کا سارا آرام اور اچھی عمدہ خوراک میسر تھی۔ وہ ہوٹل کے استقبالیہ میں گئے اور رہائش کے لیے مناسب کمرہ مانگا۔ استقبالیہ کلرک نے اس نوجوان ہندوستانی کا سر سے پاؤں تک جائزہ لیا۔ اور ناقابلِ یقین لہجے میں پوچھا: "نوجوان کیا آپ اس کے واجبات ادا کر سکیں گے؟"

"یقیناً۔۔ یقیناً۔۔" محمد علی نے اعتماد سے جواب دیا۔

"مگر مجھے امید ہے کہ واجبات مناسب ہوں گے۔"

تھوڑی دیر بعد ان کا سامان ہوٹل کے ایک آرام دہ کمرے میں پہنچا دیا گیا۔

میرے والد نے روانگی سے قبل انہیں لندن میں مقیم دو حضرات کے نام تعارفی خطوط دیئے تھے۔ قدرتی طور پر محمد علی سب سے پہلے ان دونوں حضرات سے ملنا چاہتے تھے مگر انہیں یہ جان کر کافی پریشانی ہوئی کہ وہ دونوں حضرات ان دنوں لندن سے باہر گئے ہوئے تھے۔

سردی اپنے عروج پر تھی اور محمد علی نے محسوس کیا کہ لندن میں زندگی قدرے اداسی کا شکار تھی، وہ اس قدر شدید موسم کے عادی نہیں تھے۔ وہ روزانہ بگھی پر اپنے ہوٹل سے دفتر جانے کی عیاشی کے متحمل نہیں ہو سکتے تھے۔ چنانچہ انہیں لندن کے بھیگے ہوئے سرد موسم میں کافی فاصلہ پیدل ہی طے کرنا پڑتا تھا۔ کئی برس بعد انہوں نے مجھے بتایا:"یہ تجربہ بھی خوب تھا۔ میں جوان اور تنہا تھا۔ اپنے گھر اور والدین سے ہزاروں میل دور ایک ایسے ملک میں مقیم تھا جہاں کی زندگی کراچی کی زندگی سے بالکل مختلف تھی۔ جس کا میں عادی تھا۔ گراہمز اینڈ کمپنی کے صدر دفتر میں، جہاں میں کام کرتا تھا، چند لوگوں سے علیک سلیک کے سوا میں کسی کو جانتا تک نہیں تھا۔ لندن جیسے شہر کے بڑے پن کا میرے جیسے تنہا شخص پر بہت گہرا دباؤ تھا۔ شدید سردی اور موسلا دھار بارشوں سے میرے پٹھے اور ہڈیاں تک یخ ہو جاتیں تھیں اور میں خود کو بہت حد تک تکلیف میں محسوس کرتا تھا۔ مگر پھر میں لندن کی زندگی کا عادی ہو گیا اور میں نے جلد ہی اسے پسند کرنا شروع کر دیا۔"

گراہمز شپنگ اینڈ ٹریڈنگ کمپنی میں جس کا صدر دفتر تھریڈینڈل سٹریٹ کے پاس تھا، اس نوجوان نے اپرنٹس کا چارج سنبھال لیا، جو کمپنی کے کراچی میں مقیم ایک تاجر دوست کا بیٹا، محمد علی کو ایک کمرے میں چھوٹی سی میز اور کرسی دے دی گئی۔ جہاں بیٹھ کر وہ دفتری ساتھیوں کی مدد سے کاروبار کا نظم و نسق چلانا سیکھا کرتے تھے۔

وہ اپنے ساتھ کچھ نقد رقم لائے تھے، میرے والد نے گراہمز اینڈ کمپنی سے کہا کہ وہ کراچی سے اپنے لندن دفتر میں مزید رقم منتقل کر دیں۔ ان کے بیٹے کے پاس اپنی اپرنٹس شپ مکمل کرنے کے دوران کافی رقم موجود ہونی چاہیئے، روپے پیسے کے معاملے میں احتیاط انہیں خاندانی ورثے کے طور پر ملی تھی۔ چنانچہ محمد علی نے لندن میں اپنی رقم رائل بینک آف سکاٹ لینڈ 123۔ بشپ گیٹ سٹریٹ میں جمع کروا دی۔ جلد ہی انہوں نے اس بات کو محسوس کر لیا کہ انہیں لندن میں کم از کم دو برس ضرور رکنا پڑے گا۔ اس لیے ہوٹل میں ٹھہرنا مالی لحاظ سے سستا نہیں رہے گا

اور یہ کہ اگر وہ کوئی ایسا خاندان تلاش کر لیں جو انہیں اپنے ساتھ ادائیگی کرنے والے مہمان کی حیثیت رکھ لے تو اس پر بہت کم اخراجات ہوں گے۔۔۔ لندن کے روزناموں کے مختصر اشتہارات کے کالموں کا مطالبہ کرنے کے بعد انہوں نے چند ایک خاندانوں کے پتے نوٹ کر لیے جو پیئنگ گیسٹ رکھنے پر آمادہ تھے۔ اس قسم کے کئی گھرانوں سے ملاقات کرنے کے بعد انہوں نے مسز ایف ایچ پیچ ڈریک کے ہاں ٹھہرنے کا فیصلہ کر لیا۔ ان کا مکان 35 رسل روڈ کینسنگٹن میں موجود تھا۔ اولمپیا بلڈنگ 1892ء سے کہیں بعد میں تعمیر ہوئی تھی۔ آج بھی یہ جگہ لنگن میں رہائش کے لیے بہت مناسب ہے۔ جو ایف سی ریلوے لائنوں کی سیکشنوں اور کراس سیکشنوں سے بلندی پر کینسنگٹن کے مرکزی علاقے میں واقع ہے۔ 1890ء کے عشرے میں لندن کے رہائشی علاقوں کی ان چند جگہوں میں شامل ہوگئی، جہاں رہائش کے متلاشی لوگ اکثر آتے رہتے ہوں گے۔ چند سال پہلے لندن کاؤنٹی کونسل نے اس بلڈنگ پر ایک یادگاری تختی نصب کرا دی تھی جس پر یہ عبارت تحریر ہے۔

"قائد اعظم محمد علی جناح (1876-1948ء) بانی پاکستان نے یہاں 1895ء میں قیام کیا۔"

ان کا متجسس ذہن اس وقت انگلینڈ میں اپنے قیام سے بھرپور فائدہ اٹھانا چاہتا تھا جبکہ برطانوی آزاد خیالی اپنی قوم کے ذہنوں پر گہرا اثر مرتب کر رہی تھی۔ انہوں نے اٹھتے ہی صبح کے اخبار بڑی احتیاط سے پڑھنے اور اپنا ناشتہ ختم ہونے سے پہلے انہیں پڑھ لینے کی مخصوص انگریزی عادت اپنا لی تھی۔ وہ بڑے لیڈر جو انگلینڈ کے سیاسی افق پر چھائے رہے، محمد علی ان کی کامیابیاں اور پارلیمنٹ اور پارلیمنٹ سے باہر ہونے والی ان کی تقریروں کو بڑے شوق سے پڑھتے۔ جو لاکھوں دوسرے افراد بھی بڑے شوق سے پڑھتے تھے۔ وہ جہاں کہیں بھی جاتے، ان ہی سیاسی لیڈروں کی تازہ ترین بیانات اور تقاریر کے بارے میں گفتگو ہوا کرتی تھی جنہیں عام لوگ اس عہد کی تاریخ کے تقدیر سازوں کی حیثیت سے دیکھتے تھے۔ اور یہاں حال یہ تھا کہ محمد علی تھریڈنیڈرل کے قریب واقع گراہمز اینڈ کمپنی کے دفتر میں معمول کے خشک اور اکتا دینے والے دفتری کام میں صبح شام تک الجھے رہتے تھے۔ اس تمام تر محنت، مشقت اور صبر کا شاید واحد انعام یہ مل سکتا تھا کہ وہ بالآخر اپنے والد کے کاروبار میں شامل ہو جاتے اور اس سے اس معیار سے زیادہ منافع بخش اور وسیع

تربنانے لگ جاتے۔ جس پر انہوں نے اسے سنبھالا تھا۔ ان کے نزدیک زندگی کا یہ انتہائی بورااور محدود مستقبل تھا۔ ان کی زندگی میں روپے پیسے کی اہمیت ضرور تھی مگر موجودہ صورت میں وہ اپنی قوم کے رہنمانہیں بن سکتے تھے اور نہ ہی وہ اپنے ہم وطنوں کی زندگیاں بہتر بنانے والے ہیرو بن سکتے تھے۔ اس خیال نے ان کے ذہن میں بہت سے شکوک و شبہات پیدا کر دیئے۔ کہ آیا انہیں ایسی کیریئرمیں جانے کے لیے خود کو تیار کرنا چاہیئے۔ جو ان کے ساتھ ہی شروع ہو اور ان کے ساتھ ہی ختم ہو جائے۔ انہوں نے انگریزوں کی عوامی زندگی کے موجودہ اور ماضی کے لیڈروں کی زندگی کا مطالعہ کرنا اور ان کے بارے میں لوگوں سے بحث کرنا شروع کر دیا۔ انہیں معلوم ہوا کہ ان رہنماؤں میں سے اکثر بیرسٹر تھے اور یہ کہ قانون کے مناسب اور خاطر خواہ علم نے انہیں عوامی زندگی میں اہم مقام حاصل کرنے میں بڑی مدد دی تھی۔

اب وہ دوراہے پر کھڑے تھے۔ کیا انہیں بحیثیت اپرنٹس گر اہمزمیں کام کرتے رہنا چاہیئے یا وہ انٹرنس کا امتحان پاس کر کے لندن کے کسی انز میں داخلہ لے لیں اور بیرسٹر بن جائیں۔ انہوں نے بتایا: ''مجھے یہ فیصلہ کرنے میں زیادہ دیر نہیں لگی کہ مجھے بیرسٹر بننے کے لیے تیار ہونا چاہیئے۔ میری خوش قسمتی کہ جس سال ''لٹل گو''کا امتحان پاس کر کے بارایٹ لاء میں داخلہ لینے کا آخری موقع تھا۔ نئے سال سے داخلے کے قواعد و ضوابط میں تبدیلیاں کی جا رہی تھیں، جس کے باعث بارایٹ لاء میں داخلہ لینے کی اہلیت حاصل کرنے میں مجھے مزید دو برس لگ جاتے۔ چنانچہ میں لٹل گو کا امتحان پاس کرنے کے لیے گر اہمزمیں اپرنٹس شپ کا سلسلہ ترک کرنے کا فیصلہ کیا۔''

اس بات میں کوئی شبہ نہیں کہ اپنے مستقبل کے بارے میں ان کا یہ فیصلہ انتہائی اہم تھا۔ ایک ایسافیصلہ جو ان کی زندگی کا دھارا بدل دینے والا تھا۔ ان کے نوجوان ذہن میں بلند نظری اور کچھ کر گزرنے کا شعلہ پیدا ہو چکا تھا اور وہ اپنے ملک کی عوامی زندگی میں اپنے لیے خود جگہ بنانے کا تہیہ کر چکے تھے۔ چنانچہ اس موقع کے حصول کے لیے انہوں نے اپنا تمام تر وقت اور توانائیاں وقف کر دیں۔ ان کی دنیا اب یکسر بدل چکی تھی اور وہ اپنی کتابوں کے ساتھ گویا چپک کر بیٹھ گئے تھے۔ ان کی محنت کاصلہ انہیں جلد ہی مل گیا۔ انہوں نے لٹل گو کا امتحان نمایاں انداز میں پاس کیا اور بارایٹ لاء کرنے کے لیے لنکزان میں داخلہ لے لیا۔ لنکزان میں داخلہ لینے کی وجوہات بیان

کرتے ہوئے انہوں نے مجھ سے کہا:"یہ ان دنوں کی بات ہے جب میں لٹل گو کے امتحان کی تیاری کر رہا تھا۔ میں نے یہ امتحان پاس کرنے کا پختہ ارادہ کر رکھا تھا اور مجھے یقین تھا کہ میں یہ امتحان پاس کر لوں گا۔ میں نے لندن کی تمام اِنز میں جانے اور ان میں زیرِ تعلیم طلباء سے ملنے کا سوچا، تا کہ ان میں سے کسی سے تبادلہ خیال کے نتیجے میں لنگز کی بجائے ایک دوسری ان میں داخلہ لینے کا دل ہی میں فیصلہ کر لیا۔ لیکن اس کے بعد میں نے لنکنز ان کے صدر دروازے پر دنیا کا نامور قانون ساز شخصیات کے ضمن میں اپنے عظیم پیغمبر رسول اللہ ﷺ کا نام بھی کندہ کیا ہوا دیکھا۔ چنانچہ اس موقع پر میں نے ایک طرح کی منت مانی یا عہد کیا کہ لٹل گو میں کامیابی کے بعد میں لنکنز ان میں داخلہ لوں گا۔"

میرے پاس آج بھی ان کی 1892ء سے 1896ء کے عرصے کی وہ بنک پاس بک موجود ہے جس پر انہوں نے ہاتھ سے اپنا نام لکھا تھا:"محمد علی جناح بھائی"رائل بنک آف سکاٹ لینڈ کی اس پاس بک میں ایک ایسا اندراج ہے جس سے ظاہر ہوتا ہے کہ انہوں نے اپنی فیس داخلہ کے لیے 7 جون 1895ء کو لنکنز ان کو 138.19 پونڈ مالیت کا چیک دیا تھا۔ اس طرح سترہ برس کی عمر میں وہ بار ایٹ لاء کی تعلیم حاصل کر رہے تھے، جبکہ کراچی میں میرے والد کو اُمید تھی کہ ان کا بیٹا جلد ہی لندن سے واپس آ کر کاروبار سنبھالے گا اور اس میں مزید وسعتیں پیدا کرے گا۔

جونہی میرے والد کو پتہ چلا کہ ان کے بیٹے نے لنکنز ان میں داخلہ لے لیا ہے اور اسے بیرسٹر بننے میں تین برس لگیں گے تو میرے والد نے انہیں لکھا کہ وہ اس غیر منافع بخش کام کو ترک کر کے فوراً گھر آ جائیں، سخت الفاظ پر مبنی خط کے باوجود جواب میں بھائی نے مِلتجیانہ انداز میں والد صاحب کو لکھا کہ انہیں انگلینڈ میں بار ایٹ لاء کی تعلیم مکمل کرنے کی اجازت دے دی جائے انہوں نے مزید یقین دہانی کراتے ہوئے والد کو لکھا کہ ان کی تعلیم کے لیے مزید رقم بھجوانے کی ضرورت نہیں، کیوں کہ وہ انگلینڈ میں تعلیم حاصل کرنے کے ساتھ ساتھ کام بھی کریں گے اور اپنے اخراجات کو کم سے کم رکھیں گے۔ تا کہ والد صاحب نے ان کی دو سال تربیت کے لیے جو رقم دی تھی، اس سے چار سال تک کے اخراجات پورے کئے جا سکیں، اگرچہ میرے والد اپنی مرضی کے مالک بیٹے کے اس فیصلے سے خوش نہیں تھے۔ تاہم انہوں نے اس صورتحال سے سمجھوتہ کر لیا اور بہتری کی دُعا اور اُمید کرنے لگے۔ قائد اعظم کے کراچی سے انگلینڈ جانے کے تھوڑے ہی

عرصے بعد ان کی بیوی ایمی بائی انتقال کر گئیں۔ محمد علی اپنی کمسن دلہن کے ساتھ زیادہ طویل عرصہ تک نہیں رہے تھے جس کے ساتھ انہوں نے والدین کے کہنے پر شادی کی تھی، اس لیے انہیں اپنی اہلیہ کے انتقال کا بہت زیادہ صدمہ نہیں ہوا تھا۔ مگر لنکنزان میں تعلیم کے دوران جب انہیں ان کی والدہ کے انتقال کی خبر ملی، جو میرے سب سے چھوٹے بھائی بندہ علی کی ولادت کے بعد رحلت کر گئی تھیں، تو یہ صدمہ محمد علی کے لیے ناقابل برداشت تھا۔ وہ مرحومہ ماں کے لیے گھنٹوں سسکیاں لے لے کر روتے رہے جو انہیں دنیا کی ہر چیز سے عزیز تر تھیں۔ ان کی حساس طبیعت بے حد غمگین ہو گئی اور یہ صدمہ انہوں نے نہایت شدت سے برداشت کیا۔ وہ گھر سے بہت دور تنہا تھے اور والدہ کے آخری دنوں میں ان کے پاس نہیں رہ سکے تھے۔ اس صدمے سے ان کا بہت برا حال ہوا۔ اور انہیں بے ہوشی کا شدید دورہ پڑ گیا۔ آخر کاران کی والدہ کا وجدان درست نکلا اور ان کی پیش گوئی پوری ہو کر رہی۔ وہ اپنے چہیتے بیٹے محمد علی کو لندن سے کراچی واپسی سے پہلے ہی انتقال کر گئیں۔ قائد اکثر بڑی محبت سے اپنی والدہ کی پیش گوئی کا ذکر کیا کرتے تھے۔ کہ ایک دن وہ بہت بڑے آدمی بن کر رہیں گے۔ ایک گمنام نوجوان کی حیثیت سے انہیں اکثر حیرت ہوا کرتی تھی کہ کیا ان کی والدہ کی پیش گوئی کبھی پوری ہو سکے گی۔ کیونکہ ابھی تک ان کی زندگی گمنامی میں گزر رہی تھی اور وہ نہیں جانتے تھے کہ مستقبل نے ان کے لیے اپنے دامن میں کیا کچھ چھپا رکھا ہے۔

میری والدہ کے انتقال کے وقت میرے والد کے کاروبار کو یکے بعد دیگرے دھچکے لگنے شروع ہو گئے اور یہ آگے بڑھنے کے بجائے پیچھے ہٹنا اور زوال پذیر ہونا شروع ہو گیا۔ اب میرے والد قبل از وقت بوڑھے ہو جانے والے ایک رنڈوے شخص تھے۔ جن کے چھ بچے تھے، کچھ جوان ہو چکے تھے اور کچھ ابھی چھوٹے تھے۔ جنہیں دیکھ بھال کی ضرورت تھی۔ ان حالات میں صرف محمد علی ان کا سہارا بن سکتے تھے مگر وہ ابھی لندن میں بیرسٹر کی تعلیم حاصل کر رہے تھے۔ میرے بھائی کے علم کے بغیر والد نے ان کے نام پر الگ کاروبار شروع کر دیا تھا۔ یہ کاروبار بھاری خسارے میں جا رہا تھا۔ میرے والد بے حد پریشان تھے۔ انہوں نے ان ہی پریشانیوں کے بارے میں میرے بھائی کو دلسوز خط لکھے اور میرے بھائی نے لندن سے جواب میں لکھا کہ انہیں پریشان ہونے کی کوئی

ضرورت نہیں، وہ ہندوستان واپس آکر صورت حال کا مقابلہ کریں گے اور والد صاحب کے خاندانی وقار اور نیک نامی کو بچالیں گے۔

بھائی (قائد) کی عمر تقریباً اٹھارہ برس تھی۔ جب وہ اپنی ماں اور اپنی بیوی سے جدائی کا صدمہ برداشت کر چکے تھے اور وہ اب جانتے تھے کہ ان کا بڑا خاندانی کاروبار جسے ان کے والد نے بے پناہ محبت اور جانفشانی سے کھڑا کیا تھا، تباہی کے کنارے پر پہنچ چکا تھا۔ بعض اوقات زندگی کے بڑے بڑے صدمات اور ٹھوکریں بعض افراد کی غیر معمولی اور خوابیدہ صلاحیتوں کو بیدار کر دیا کرتی ہے۔ بھائی (قائد) نے اپنے خاندان کا نام اور روشن کرنے کے لیے ان مصائب اور نقصانات کا مقابلہ یونانی فلسفی زینو کے ایک پیروکار کی سی جرأت سے کیا اور کامیابی کا عزم کیا اور اب انہوں نے اپنا نام بدل کر ”ایم۔ اے جناح“ کر لیا۔

بنک کی پاس بک سے پتہ چلتا ہے کہ وہ مسز ایف ای ایچ ڈریک کو معاوضے پر رہنے والے مہمان کی حیثیت سے دس پونڈ ماہانہ ادا کرتے تھے۔ بعد کے دنوں میں وہ کہا کرتے تھے کہ مسز ایچ ڈریک ایک مہربان بوڑھی خاتون تھی جس کا کنبہ کافی بڑا تھا۔ وہ خاص طور پر ان سے بڑی محبت کرتی تھی اور انہیں اپنے بیٹے ہی کی طرح سمجھتی تھی۔ مسز ڈریک کی ایک انتہائی حسین و جمیل بیٹی تھی، جو قائد کی ہم عمر تھی، خوبرو مس ڈریک میرے میں بہت دلچسپی رکھتی تھی مگر وہ اس ٹائپ کے نہیں تھے جو اس قسم کے معاشقوں وغیرہ میں خود کو ملوث کرتے جبکہ مس ڈریک میرے بھائی پر خصوصی توجہ دیتی تھی۔ ہر وقت ان کا دل جیتنے کی کوشش میں لگی رہتی تھی۔ مگر وہ ہمیشہ اس کے ساتھ قابلِ احترام حد تک فاصلہ رکھتے تھے۔ مس ڈریک کبھی کبھی اپنے گھر میں مخلوط پارٹیاں بھی منعقد کرتی تھی اور ان میں دوسرے کھیلوں کے ساتھ ساتھ وہ اپنے مہمانوں کے لیے مغربی انداز کے اس خصوصی کھیل کا اہتمام کرتی تھیں جس کی کسی خاص جگہ پر چھپنے والے کے پکڑے جانے کی صورت میں جرمانہ کے طور پر بوسہ لینا پڑتا تھا۔ مس ڈریک کی مسلسل کوششوں کے باوجود قائد بوسہ بازی کے اس کھیل میں کبھی شامل نہ ہوئے۔ قائد نے مجھے بتایا: ”کرسمس کا موقع تھا اور ڈریک خاندان اسے روایتی جوش و خروش سے منا رہا تھا۔ جیسا کہ عیسائی خاندانوں میں رواج ہے۔ آکاس بیلیں گھروں کے دروازوں پر لٹک رہی تھیں۔ جن کے نیچے ان لوگوں کے ایک دوسرے کا بوسہ لینے کی اجازت ہے۔ میں اس رسم سے باخبر تھا اور اتفاق سے ایک آکاس بیل کے

نیچے کھڑا تھا کہ مس ڈریک نے مجھے پکڑ کر گلے لگالیا اور مجھ سے کہا کہ میں اس کا بوسہ لوں۔ میں نے اسے ڈانٹا اور کہا کہ ہمارے معاشرے میں نہ تو ایسا کیا جاتا ہے اور نہ ہی اس کی اجازت ہے۔ مجھے خوشی تھی کہ میں اس کے ساتھ اس انداز اس انداز میں پیش آیا تھا، کیونکہ اس روز کے بعد مجھے اس کی نخرے بازی کی الجھن سے نجات مل گئی۔''

لنکنزان میں تعلیم کے دوران قائد اعظمؒ کی دلچسپیوں کا دائرہ وسیع تر ہو گیا۔ انہوں نے برٹش میوزیم لائبریری کے لیے ایک ریڈر کی حیثیت سے حاصل کیا اور اپنا وقت اپنے ذہن کو وسیع اور جامع مطالعہ سے مالامال کرنے کے لیے وقف کر دیا۔ کبھی کبھی وہ اتوار کی صبح مشہور زمانہ ہائیڈپارک میں چلے جاتے اور وہاں کے ایک مخصوص گوشے میں حامیانہ انداز میں خطاب کرنے والے مقررین کی تقاریر سنا کرتے جن کے باعث ہائیڈ پارک کے اس حصے کو ایک ادارے کی حیثیت سے عالمی شہرت حاصل ہوئی ہے۔ ان غیر ذمہ دار مقررین کی جذباتی اور بے ربط تقریریں سن کر جو اکثر نہایت مضر انداز میں اپنی حکومت پر تنقید کیا کرتے تھے۔ قائد کو کسی بھی قوم کے لیے آزادئ اظہار کی اہمیت کا احساس ہوا جس کے بغیر عوام کی آواز گھٹ کر رہ جاتی ہے۔ وہ با قاعدگی سے دارالعلوم، برطانوی پارلیمنٹ کا ایوانِ زیریں میں جایا کرتے تھے جہاں وہ بے پناہ تعریف و توصیف کے ساتھ اس زمانے کے آزاد خیال (لبرل) رہنماؤں کی تقاریر سنا کرتے تھے۔ ان میں مسٹر گلیڈ سٹون، لارڈ مارلے، مسٹر جوزف چیمبرلین، مسٹر بالفور اور عظیم آئرش محبت وطن مسٹر ٹی او کنور وغیرہ خاص طور پر قابلِ ذکر تھے۔ دارالعلوم میں اکثر آنے جانے کے باعث وہ پارلیمانی جادووبیانی کے فن سے آشنا ہوئے، جو آنے والے برسوں میں ان کا سب سے مضبوط ہتھیار ثابت ہوا۔

سخت محنت کر کے انہوں نے لنکنزان میں اپنا امتحان دو سال میں پاس کر لیا، اس طرح اٹھارہ برس کی عمر میں بیرسٹر کہلانے والے وہ سب سے کم عمر ہندوستانی بن گئے، مگر اپنی کیپ اور گاؤن حاصل کرنے کے لیے انہیں مزید کچھ عرصے تک انگلینڈ میں قیام کرنا پڑا، کیونکہ ابھی انہیں قواعد کے مطابق ڈنرز (رات کے کھانوں) کی مقررہ تعداد میں شرکت کرنے کی رسم پوری کرنا تھی۔ وہ اس قسم کے طالب علم نہیں تھے جنہیں کوئی امتحان پاس کرنے کے لیے ہمہ وقت کتابوں پر جھکے رہنا پڑتا تھا۔ بحیثیت طالب علم انہوں نے خود کو مختلف سرگرمیوں کے گرداب میں

الجھائے رکھا تھا۔ جن میں سے بیشتر کا تعلق انگلستان میں مقیم ہندوستانی طلبہ کی سرگرمیوں سے تھا۔ لندن میں ان کی آمد کے پہلے ہی برس ہندوستانی طلباء میں بے حد جوش و خروش پایا جا رہا تھا کیونکہ ایک ہندوستانی نژاد پارسی بزرگ دادا بھائی نوروجی کئی برس پہلے کاروبار کے سلسلے میں بمبئی سے آکر لندن میں آباد ہو گئے تھے۔ ان دنوں میں وہ سنٹرل فنسبری کے انتخابی حلقے سے برطانوی دارالعلوم کی نشست کے لیے انتخاب لڑ رہے تھے وہ اس قسم کے انتخاب میں حصہ لینے والے پہلے ہندوستانی تھے، یہ فطری امر تھا کہ لندن میں مقیم ہندوستانی طلباء ان کی انتخابی مہم میں جوش و خروش سے حصہ لے رہے تھے۔ قائد اعظمؒ نے بھی اس انتخابی مہم میں دل و جان سے حصہ لیا۔ اس طرح وہ بزرگ ہندوستانی سیاستدان کی نظروں میں آ گئے اور دادا بھائی نوروجی کے دل میں ان کے لیے احترام اور پسندیدگی کے جذبات پیدا ہو گئے۔

انتخابی مہم کے ان دنوں کو یاد کرتے ہوئے میرے بھائی نے مجھ سے کہا:"جب مجھے علم ہوا کہ لارڈ سالسبری نے اپنی تقریر کے دوران دادا بھائی نوروجی کو کالا آدمی قرار دے کر ان کا مذاق اڑایا ہے اور فنسبری کے ووٹروں سے کہا کہ وہ دادا بھائی کے کالے رنگ کے باعث انہیں منتخب نہ کریں تو میں غصے سے کھول اٹھا۔ اگر دادا بھائی کالے ہیں تو میں ان سے بھی کالا ہوں۔ اگر ہمارے پولیٹیکل ماسٹرز کی یہی ذہنیت ہے تو ہم ان سے کبھی انصاف اور منصفانہ طرزِ عمل کی توقع نہیں کر سکتے۔ اس روز سے میں قطعی طور پر ہر قسم کے رنگ کے امتیاز کے خلاف ہوں۔ میں نے انتقاماً اولڈ مین دادا بھائی نوروجی کے لیے کام کیا، خوش قسمتی سے وہ تین ووٹوں سے جیت گئے۔ اگرچہ دادا بھائی کو بہت ہی معمولی اکثریت سے کامیابی ملی تھی، اس کے باوجود لندن میں مقیم ہندوستانی طلباء کا جوش و خروش نہایت شدید تھا۔ میں نے ہاؤس آف کامنز (دارالعلوم) کی گیلری میں بیٹھ کر اولڈ میں کی سب سے پہلی تقریر سنی تو میں نے اپنے اندر جذبات کی ایک نئی لہر محسوس کی۔"

انہوں نے کہا کہ وہ آوازی تقریر کی برطانوی روایت کے معترف ہیں اور برطانیہ میں اب ایک ایسا ہندوستانی موجود تھا جو آزادی اظہار کے اس حق کو استعمال کرتے ہوئے اپنے ہم وطنوں کے لیے انصاف کا مطالبہ کر سکتا تھا۔ وہ بالکل درست کہہ رہے تھے۔ آزادی اظہار کے بغیر کسی قوم کے حالت گلاب کے اس پودے کی سی ہے جو ایسی جگہ اگا ہو جہاں نہ اسے دھوپ ملتی ہو اور نہ ہوا۔

قائداعظمؒ کے دل میں دادا بھائی نوروجی کا بے حد احترام تھا اور وہ انہیں بہت پسند کرتے تھے۔ آنے والے برسوں میں ان ہی دادا بھائی نوروجی نے ان کی سیاسی انفرادیت پر گہرے اثرات مرتب کئے۔ قائد ہندوستانی نژاد بزرگ سیاست دان سے عمر میں بہت چھوٹے ہونے کے باوجود ان کے ایک مخلص دوست تھے۔ ان دونوں نے مل کر انڈین نیشنل کانگریس کے قیام کے ابتدائی سالوں میں اس تنظیم کے لیے انتہائی گراں قدر خدمات انجام دیں۔

انگلستان میں ایک طالب علم کی حیثیت سے قیام کے دوران قائدؒ نے محسوس کیا کہ ہندوستانی طلباء کے باہمی رابطے زیادہ قربی اور عام نہیں ہیں اور اس طرح وہ خود کو مؤثر انداز میں منظم نہیں کر سکتے۔ اپنی موجودہ حالت میں وہ اپنی یا اپنے ملک کی کوئی خدمت نہیں کر سکتے۔ ان کا خیال تھا کہ اگر ہندوستانی طلباء ایک ایسوسی ایشن قائم کر کے منظم ہو جائیں اور ان کے اجلاسوں کے لیے ایک مقام مخصوص کر کے ان کا ایک باقاعدہ فورم قائم کر لیا جائے تو اس سے خود ان طلباء کو بہت فائدہ پہنچے گا۔ وہ اس خیال کے بانی تھے اور اس کے تحت انہوں نے متعدد طلباء سے رابطہ بھی قائم کیا مگر سب نے اس بناء پر ان کی مخالفت کی کہ کام بہت بڑا ہے اور ان جیسا کم عمر اور ناتجربہ کار طالب علم اس کو نہیں کر سکتا۔ تاہم یہ خیال ان کے ذہن میں بدستور موجود رہا۔ 1913ء میں جب انہوں نے انگلستان کا دورہ کیا تو وہ غیر معروف شخصیت نہیں رہے تھے۔ اب وہ ہندوستان کے ایک ممتاز سیاسی لیڈر تھے۔ چنانچہ ہندوستانی طلباء نے انہیں رہنمائی اور مشورہ حاصل کرنے کے لیے گھیر لیا۔ طلباء نے کیکسٹن ہال لندن میں ایک اجلاس منعقد کیا اور قائد کو اس سے خطاب کرنے کی دعوت دی گئی۔ انہوں نے ہندوستانی طلباء کو مشورہ دیا کہ وہ ہندوستان اور انگلستان میں ہونے والے سیاسی واقعات اور نشو و نما کا گہر امطالعہ رکھیں اور اس کے ساتھ ہی انہوں نے طلباء کو خبر دار کیا کہ وہ اپنی تعلیم کے دوران عملی سیاست میں بالکل حصہ نہ لیں، کیونکہ ابھی وہ تعلیم حاصل کر رہے ہیں، انہیں خالصتاً علمی نقطہ نظر سے موجودہ دور کے سیاسی واقعات اور معاملات کا جائزہ لیتے ہوئے انہیں سمجھنے کی کوشش کرنی چاہیے۔ تاکہ جب وہ عملی سیاست کے میدان میں آئیں تو وہ لوگوں کو باخبر رکھنے اور ملکی ترقی کے لیے کوشاں رضاکاروں کا کردار ادا کر سکیں۔ انہوں نے اپیل کی طلباء خود کو ایک مربوط ادارے کے اندر منظم کریں۔ چنانچہ اس اپیل کے نتیجے میں لندن میں سنٹرل ایسوسی ایشن آف انڈین سٹوڈنٹس قائم کی گئی۔

ان کے وسیع اور ہمہ گیر مطالعے نے انہیں انگریزی زبان کے بہت سے ادیبوں اور شاعروں کی تخلیقات سے روشناس کرا دیا تھا۔ ان میں سے بعض کا مطالعہ تو انہوں نے اپنی آخری عمر تک جاری رکھا۔ ان میں سے شیکسپیئر ان کے لیے بے حد دلکشی رکھتا تھا۔ وہ لندن تھیٹر کے شوقین تھے، لیکن وہاں اکثر آنے جانے کے لیے ان کے پاس پیسے نہیں ہوتے تھے۔ انہیں تھیٹر کی دنیا کی جگمگاتی مگر مہنگی راتوں سے اپنے آپ کو دور ہی رکھنا پڑتا تھا کہ وہ روپیہ بچا کر کتابیں خریدیں اور صبر و تحمل سے لنکنزان میں ہی اپنے بے کیف مطالعہ کی تیاری کریں۔ مختصر بجٹ کی وجہ سے انہیں اپنی آمدنی بڑھانے کے لیے کوئی ملازمت بھی مل جاتی تو وہ اسے خوش آمدید کہتے۔ بعض اوقات وہ الوڈوکٹوریہ میں شیکسپیئر کے ڈرامے دیکھنے چلے جاتے۔ جہاں وہ شیکسپیئر کے ڈراموں میں کام کرنے والے ان ایکٹروں کی کشش سے متاثر ہو جاتے، کچھ عرصہ کے لیے وہ سنجیدگی سے سٹیج پر کام کرنے کے آئیڈیا سے جی بہلاتے رہے۔ لیکن انہیں جو واحد پیشکش ہوئی وہ ایک چھوٹا سا کردار تھا۔ یہ پیشکش ایک غیر اہم تھیٹر کمپنی کی طرف سے تھی جو کبھی کبھی شیکسپیئر کے ڈرامے سٹیج کرتی تھی۔ ان دنوں ان کی خواہش تھی کہ وہ اولڈ وکٹوریہ میں رومیو کا کردار کریں۔ لیکن ان کا یہ خواب پورا نہ ہو سکا بلکہ یہ خواب زندگی کے وسیع میدانِ کارزار میں بھی تشنہ تکمیل ہی رہا۔ حتٰی کہ سرگرم ترین سیاسی زندگی کے ایام میں جب وہ دل بھر کے کام اور جدوجہد سے تھک کر دیر سے گھر پہنچتے تو وہ شیکسپیئر کا کوئی ڈرامہ لے کر بستر میں لیٹ جاتے اور آہستہ آہستہ پڑھتے۔ بعض اوقات ڈنر کے بعد جب ہم دونوں ڈرائنگ روم میں بیٹھتے تو وہ شیکسپیئر کے ڈراموں میں سے اپنے پسندیدہ پیرے بلند آواز میں مجھے سناتے۔ مجھے ابھی تک یاد ہے جب وہ شیکسپیئر کا کوئی اقتباس پڑھتے تو ان کی آواز کا رنگ درست اور بھرپور اور اتار چڑھاؤ موزوں ہو جاتا۔ یہ تو انہی لوگوں کی خصوصیت ہے جنہوں نے سٹیج ایکٹنگ کے فن کی ٹریننگ لی ہو۔

زندگی کے ان چار تشکیل پذیر برسوں میں ان کا جوان ذہن غیر محسوس طور پر ایسے اہم فیصلے کرتا رہا جو ان کی زندگی پر اثر انداز ہونے تھے۔ قدرت نے ان کو بے پناہ صلاحیتوں سے نوازا تھا۔ انہوں نے فیصلہ کیا کہ ان کا کاروباری بننا ان کی غیر معمولی ذہانت سے لگاؤ نہیں کھاتا، جب زندگی کی سب سے بڑی تمنا یہ ہوتی ہے کہ ہر سال اثاثے قرضوں اور ذمہ داریوں سے بڑھتے چلے جائیں تا کہ آہستہ آہستہ بہت سی دولت اکٹھی ہو جائے۔ وہ اپنے آپ کو اس کمتر دنیا کی تنگ گلیوں میں کم

نہیں کر دینا چاہتے تھے بلکہ وہ خود کو برتری اور شہرت کی شاہراہوں پر گامزن دیکھنا چاہتے تھے۔ سٹیج کی دنیا کو اپنا لینے کی امنگ کے باوجود انہوں نے اس پیشے کو اپنی بلند پرواز تمناؤں کے مقابلے میں بہت چھوٹی سی خواہش محسوس کرتے ہوئے مسترد کر دیا۔ سٹیج پر کام کرنے والا اداکار ناظرین کی محدود سی تعداد سے داد پا سکتا ہے۔ مگر وہ اس سے بڑے پلیٹ فارم پر لوگوں کا ہیرو ہوں گے، جہاں وہ اپنے لاکھوں عوام کے مسلمہ لیڈر ہوں گے۔

لنکنز ان میں ڈنرز کی رسمی کارروائیاں مکمل ہو چکی تھیں۔ وہاں تقریباً چار سالہ قیام کے بعد وہ انگلینڈ چھوڑ کر کراچی واپسی کی تیاریاں کر رہے تھے۔ رائل بنک آف سکاٹ لینڈ کی پاس بک کے اندرونی کور میں ان آخری چار چیکوں کا اندراج ملتا ہے جو انہوں نے لندن سے روانگی سے قبل مختلف لوگوں کو دیے تھے۔ انہوں نے پہلا چیک 14 جولائی 1896ء کو مسز ایف ای پیچ ڈریک کو دیا تھا۔ اس کی مالیت تین پونڈ تھی، اور یہ شاید اس خاتون کو معاوضہ پر ٹھہرانے والے مہمان کی حیثیت سے باقی ماندہ واجبات کی ادائیگی اور حساب ختم کرنے کے لیے دیا گیا تھا۔ 15 جولائی کو انہوں نے تین چیک کاٹے، ایک کی مالیت 71-1-10 پونڈ تھی اور یہ چیک انہوں نے نیشنل بینک آف انڈیا لمیٹڈ بمبئی کے نام لکھے تھے۔ اس سے ظاہر ہوتا ہے کہ وہ وطن واپسی سے قبل لندن سے کراچی تک بحری جہاز سے واپسی سفر کے کرائے کی ادائیگی کے لیے تحریر کیا۔ اس کی مالیت 42-18-12 پونڈ تھی۔ لندن میں تقریباً ساڑھے تین برس قیام کے دوران ان کے بینک کے کھاتے سے ظاہر ہوتا ہے کہ اس میں مجموعی طور پر تقریباً آٹھ سو پونڈ کی رقم جمع کرائی گئی تھی۔ چونکہ وہ ہمیشہ اپنا کیش بینک میں جمع کرانے کے عادی تھے۔ اس لیے بے خوف و خطر یہ فرض کیا جا سکتا ہے کہ یہ قریب قریب وہی رقم ہے جو انہوں نے انگلینڈ میں خرچ کی۔ اس سے ان کے سادہ طرزِ زندگی کا بخوبی اندازہ لگایا جا سکتا ہے جسے کاروباری حالات میں تبدیلی کے باعث گھر سے وافر رقوم کی فراہمی ممکن نہ رہی تھی، اور روپے کے معاملے میں محتاط ہونا پڑا۔

گھر واپسی کے لیے انہیں ایک بار پھر اسی قسم کے بحری جہاز سے سفر کرنا پڑا جو تین ہفتے میں ہندوستان پہنچایا کرتے تھے۔ ان کا مستقبل اتنا ہی پوشیدہ تھا جتنا کہ گہر اسمندر۔ وہ صرف ایک وسیع خاندان کے ان اندیشوں اور پریشانیوں سے باخبر تھے جو ان کے والد کے ناتواں کندھوں پر آن پڑی تھیں۔ جنہیں امید تھی کہ ان کا بڑا بیٹا جلد ہی یہ ذمہ داریاں کسی حد تک خود سنبھال لے گا۔

اس کی گھر واپسی ان کے لیے بے حد جذباتی بات تھی۔ کیونکہ جو نہی اس کا جہاز سبک رفتار سے لنگر انداز از ہو رہا ہو گا اور اس کی متلاشی نگاہیں کراچی بندر گاہ کی گودی پر منتظر ہجوم پر پڑیں گی۔ تو وہ اپنے والد، بھائیوں، بہنوں اور چند ایک رشتے داروں کو تو دیکھ سکے گا۔ لیکن اسے اپنی ماں وہاں نظر نہیں آئے گی۔ تقدیر اس کے ساتھ کس قدر بے رحم رہی۔ اب جب وہ ایک تابناک مستقبل کے ساتھ بیر سٹر بن کر انگلینڈ سے واپس آ رہے تھے۔ اگر ان کی والدہ وہاں ہوتیں تو وہ اپنے محمد علی پر کس قدر فخر کرتیں۔

گھر پہنچنے کے فوراً بعد میرے والد نے ان کے ساتھ صلاح و مشورہ شروع کر دیا، والد نے محمد علی کو بتایا کہ ان کا خاندانی کاروبار تباہ ہو چکا ہے اور یہ کہ بہت سے کاروباری اداروں کو بڑی بڑی رقوم ابھی تک ان کے ذمہ واجب الادا ہیں۔ ان میں سے بعض نے اپنی رقوم کی واپسی کے لیے ان پر عدالتوں میں مقدمے بھی دائر کر رکھے ہیں۔ یہ صورتحال ان کاروباری سودوں کی بھی تھی جو میرے والد نے محمد علی جناح بھائی اینڈ کمپنی کے نام سے اس امید پر کیے تھے کہ ان کا بیٹا انگلستان سے واپسی پر خاندانی کاروبار کے علاوہ اس فرم کو بھی سنبھال لے گا۔

یہ اس کا اپنا کاروبار ہو گا جو پہلے ہی سے مستحکم اور منافع بخش بنیادوں پر استوار ہو چکا ہو گا، مگر یہ کاروبار بھی فلاپ ہو چکا تھا اور متعدد مقدمات محمد علی جناح بھائی اینڈ کمپنی کے خلاف زیر سماعت تھے۔ محمد علی ایک نوجوان بیر سٹر تھے اور ان کے سامنے خوف اپنے خلاف اس قسم کے کمزور مقدمات کے دفاع کا مسئلہ آن کھڑا ہوا تھا۔ والد نے کہا کہ میرے بیٹے میرے تمام خواب ٹوٹ کر بکھر چکے ہیں اور میں نہیں جانتا کہ تم پر اور تمہارے چھوٹے بہن بھائیوں پر کیا بیتے گی۔ میری صحت پہلے ہی بہت خراب ہو چکی ہے، مجھے نہیں معلوم کہ کب تلک زندہ رہوں گا۔"

محمد علی نے لڑکھڑاتی ہوئی آواز میں جواب دیا: "اباجان! آپ فکر نہ کیجیے، میں سخت محنت کروں گا اور آپ کا اور اپنے کنبے کا خیال رکھوں گا، میں جوان ہوں اور میری ساری زندگی پڑی ہے، میں روپیہ کماؤں گا اور اپنے خاندان پر واجب الادا تمام قرضے اور رقوم ادا کروں گا۔"

میرے والد نے سوچا کہ محمد علی کو کراچی کے کسی کامیاب وکیل کے دفتر میں جونیئر کی حیثیت سے لگا دینا مناسب رہے گا۔ چنانچہ انہوں نے اس غرض سے دو فرموں میں بات بھی کر لی، جو مختلف مقدمات میں ان کی فرموں کی وکالت بھی کر رہی تھیں۔ ان میں سے ایک ہر چند رائے

وش داس اینڈ کمپنی تھی اور دوسری کا نام لال چند اینڈ کمپنی تھا۔ دونوں قانونی فرموں کے سربراہ حال ہی میں انگلستان سے واپس آنے والے نوجوان مسلمان بیرسٹر کو اپنے ساتھ شامل کرنے کے خواہاں تھے۔ ان دنوں مسلم اکثریتی صوبہ سندھ میں چند ایک ہی مسلمان بیرسٹر تھے۔ دونوں فرموں کے سربراہوں کو یقین تھا کہ محمد علی ان کے لیے بہترین سرمایہ ثابت ہوں گے، مگر میرے بھائی اس بارے میں پہلے ہی فیصلہ کر چکے تھے۔ کراچی میں پریکٹس کرنے کی بجائے جہاں ان کے خاندان کی کاروبار میں ناکامی کی تلخ پر چھائیں ان کا راستہ مزید الجھا سکتی تھیں۔ وہ بمبئی میں قسمت آزمائی کرنے کا فیصلہ کر چکے تھے۔ ان کے خیال میں بمبئی ایک ایسا شہر تھا جہاں سخت محنت کرنے والوں کے لیے آگے بڑھنے کے بہت سے اچھے مواقع موجود تھے۔ میرے والد کی بڑی خواہش تھی کہ ان کا بیٹا کراچی میں ہی پریکٹس کرے جہاں ان کا خاندان بہت سے لوگوں اور گھرانوں کے ساتھ دوستیاں اور تعلقات استوار کر چکا تھا۔ کراچی سے اپنا تعلق یکسر ختم کر کے بمبئی میں نئے سرے سے زندگی کے سفر کا آغاز کرنے میں انہیں کوئی کشش نظر نہیں آتی تھی۔ انہوں نے اپنے دوست اور پڑوسی مسٹر رام جی بھائی پیٹھا بھائی سے کہا کہ وہ کسی طریقے سے ان کے بیٹے کو کراچی میں پریکٹس کرنے کے لیے راضی کرنے کی کوشش کریں۔ رام جی بھائی کی تمام تر کوششوں کے باوجود نوجوان بیرسٹر اپنے فیصلے پر قائم رہا۔ وہ اپنا فیصلہ کر چکا تھا۔ وہ اپنے ہی راستے پر چلنا چاہتا تھا۔ حسب معمول وہ زندگی میں رکاوٹوں اور سخت مشکلات کا کٹھن راستہ اپنانا چاہتا تھا۔

اس وقت انہیں اس بات کا بالکل احساس نہیں تھا کہ بمبئی میں آباد ہونے کا فیصلہ ان کی زندگی کا اہم سنگِ میل ثابت ہو گا اور ان کے مستقبل پر ان کے نہایت گہرے اثرات مرتب ہوں گے۔ چنانچہ اپنے والد اور بھائی بہنوں کو خدا حافظ کہہ کر وہ بحری جہاز سے بمبئی چلے گئے۔

انہوں نے طویل المعیاد کرائے کی بنیاد پر بمبئی کے اپالو ہوٹل میں ایک کمرہ لے لیا اور پریکٹس کرنے کے لیے اپنا نام بمبئی ہائی کورٹ میں درج کروالیا۔ یہ محض رسمی کاروائی تھی، اس لیے با آسانی مکمل کر لی گئی۔ اصل مشکل یہ تھی کہ وہ اپنے لیے ایک دفتر بنائیں، مقدمات حاصل کریں اور ایک قابلِ اعتماد بیرسٹر کی حیثیت سے شہرت کمائیں۔ انہوں نے تمام تر توجہ اس جانب مبذول کر دی۔ یہ نوجوان باوقار انداز کے ساتھ کئی عدالتوں کے برآمدوں میں اکثر آتا جاتا دکھائی دیتا تھا۔ اس کی چال ڈھال سے صفِ اوّل کے کسی بیرسٹر کا تاثر ملتا تھا۔ جبکہ حقیقت یہ تھی

کہ اسے پہلے مقدمے کی بے تحاشا ضرورت تھی۔ وہ اپنے قائم کردہ تصورات کی دنیا میں بھی منفرد و یکتا نظر آتا تھا۔ جب کہ اسی پیشے میں اس سے کمتر صلاحیتوں کے حامل وکیلوں کے دفتروں میں ایسے موکلین اکثر آتے رہتے تھے، جو منہ مانگی فیس ادا کرنے کو تیار رہتے تھے۔ وہ فورٹ علاقے میں ایک کمرے پر مشتمل کرائے کے چھوٹے سے دفتر میں کسی موکل کی آمد کے انتظار میں اپنے پاس موجود قانون کی کتابوں کے محدود سٹاک کے مطالعے میں غرق رہتے۔

بمبئی ہائی کورٹ میں بیرسٹر کی حیثیت سے اپنا نام درج کرانے کے بعد کسی مقدس مذہبی فریضے کی طرح روزانہ عدالتوں کے چکر لگانا اور مہینوں ایک روپیہ کمائے بغیر شام کو اپالو ہوٹل کے محدود کمرے میں واپس آ جانا، ان کے لیے وہ ہی ناخوشگوار تجربہ تھا۔ لیکن جب وہ تکلیف دہ مہینے تین کربناک سالوں پر دراز ہو گئے۔ تو وہ فی الواقع شکستہ حال ہو گئے۔ اس وقت کراچی میں ان کے والد اور خاندان ان کو مقدمات اور مشکلات کا سامنا تھا، مگر وہ ان کی کوئی مدد نہیں کر سکتے تھے، یہ صورتحال ان کی توقعات کے قطعی برعکس تھی، جو انہوں نے کراچی سے بمبئی روانہ ہونے سے پہلے قائم کی تھیں۔ مایوسیوں اور ناامیدیوں میں بھی انہوں نے اپنے ٹھاٹھ بر قرار رکھے لیکن وہ دل میں اپنی خواہش پوری نہ ہونے کا درد محسوس کرتے تھے۔

ان تمام تر مشکلات کے باوجود کہ جن سے وہ گزر رہے تھے، انہوں نے اپنے سماجی روابط بر قرار رکھے۔ وہ بمبئی کی بہترین کلبوں میں آتے جاتے رہے اور انہیں بمبئی کے معززین کے گھروں میں منعقد ہونے والی پارٹیوں میں بھی بلایا جاتا رہا، اپنی عمر کی تیسری دہائی کے شروع میں ایک انتہائی پرکشش نوجوان تھے۔ وہ دبلے پتلے اور چھا جانے والی شخصیت کے مالک تھے، ان کی آنکھیں چھوٹی مگر گہرائی تک اتر جانے والی تھیں، جن سے ذہانت ٹپکتی تھی۔ چہرہ نمایاں یونانی خد و خال لیے ہوئے تھا۔ ہاتھ پاؤں لمبے تھے، وہ ایک انتہائی نفیس لباس پہنا کرتے تھے، ان کے مجموعی سراپے سے واضح طور پر یہ تاثر ملتا تھا کہ وہ پیدائشی طور پر اپنے ہم جنس انسانوں کے رہنما تھے۔ قدرت نے انہیں دلکش اور باوقار شخصیت عطا کی تھی مگر معاشرے نے انہیں پرسکون اور خوشگوار زندگی بسر کرنے کے لیے وسائل فراہم کرنے سے انکار کر دیا تھا۔ جدوجہد کے ان دنوں میں جن لوگوں سے ان کا واسطہ پڑتا تھا، وہ انہیں عزم اور حوصلے سے بھرپور نوجوان قرار دیا کرتے تھے، مگر وہ لوگ شاید نہیں جانتے تھے کہ اس بھرپور نوجوان کی جیبیں کس حد تک خالی تھیں۔

لیکن غیر ارادی طور پر یہ سماجی تعلقات ان کے لیے ایک نعمت ثابت ہوئے اور کامیابی کا باعث بنے، ان کا ایک قریبی دوست نے جوان کی ذہانت و بلند حوصلگی کا بے حد معترف تھا۔ انہیں مسٹر میکفرسن سے متعارف کرایا جو اس وقت بمبئی کے قائم مقام ایڈووکیٹ جنرل تھے۔ مسٹر میکفرسن اس نوجوان بیرسٹر سے بے حد متاثر ہوئے اور انہوں نے اسے اپنے ماتحت کام کرنے کی دعوت دی۔ اس کے ساتھ ساتھ انہوں نے محمد علی کو اپنی ضمیم لائبریری سے استفادہ کرنے اور اپنے چیمبرز میں مطالعہ کرنے کی بھی اجازت دے دی۔ میرے بھائی نے مسٹر میکفرسن کی طرف سے اس بلند جذبے کو ہمیشہ یاد رکھا۔ بالخصوص جیسا کہ اس زمانے میں ایک انگریز کی طرف سے ہندوستانی بیرسٹروں کے ساتھ تواضع کا ایسا اظہار شاید ہی ہوتا تھا۔

مسٹر میکفرسن نے جلد ہی محسوس کر لیا کہ ان کے دفتر میں آنے والا نیا نوجوان بیسٹر پرکشش شخصیت، قابلیت، مستقل مزاجی اور دیانت داری کے اوصاف کا مالک ہے۔ چنانچہ انہوں نے بعض مقدمات نوجوان مسٹر جناح کو بھجوانا شروع کر دیئے۔ اس موقع پر میرے بھائی کے دل میں سرکاری ملازمت کرنے کا خیال پیدا ہوا تا کہ انہیں معقول حد تک مسلسل مالی تحفظ کا اطمینان ہو۔

بار میں کامیابی کی بے یقینی اتنی مہیب تھی کہ اس کا تصور ہی مشکل تھا۔ جب انہوں نے اپنا یہ خیال مسٹر میکفرسن کے سامنے رکھا تو انہوں نے زبردست تائید کرتے ہوئے انہیں محکمہ انصاف کے رکن سر چارلس آرلیونٹ کے پاس بھجوا دیا۔ اور دو ہفتوں کے اندر میری بھائی کا عارضی پریذیڈینسی کی حیثیت سے تقرر ہو گیا۔

انہوں نے محسوس کیا کہ اب تک جو کامیابی اُن سے دور رہی تھی، اب مکمل طور پر ان کے ہاتھ آ چکی تھی، مجسٹریٹ کی حیثیت سے ان کے مثالی رویّے نے ان کے سینئرز کو ان کی تعریف کرنے پر مجبور کر دیا۔ جب ان کے عارضی تقرر نامے کی معیاد ختم ہو گئی تو سر چارلس آلیونٹ نے ایک دوسری مگر بہتر عدالتی نوکری کی پیشکش کی۔ جس کی ماہوار تنخواہ پندرہ سو روپے تھی، اور اس زمانے میں بہت بڑی تنخواہ سمجھی جاتی تھی۔ انہوں (قائداعظم) نے جواب دیا: ''نہیں۔ شکریہ جناب۔ میں جلد ہی اتنی رقم ایک دن میں کمانے لگوں گا۔'' یہ ان کا دندان شکن جواب تھا۔

جب انہوں نے بمبئی پریذیڈینسی کے قائم مقام مجسٹریٹ کے عہدے سے استعفیٰ دیا تو بہت سے لوگ انہیں اپنا وکیل بنانے کے لیے ان کے پاس پہنچے۔ انہوں نے اپالو ہوٹل میں اپنا مختصر سا کمرہ چھوڑ کر اپالو بندر کے علاقے میں ایک مناسب فلیٹ کرائے پر لے لیا۔ اس کی تزئین و آرائش انتہائی نفاست اور باذوق انداز میں کرائی اور ایک بلڈنگ میں اپنا نیا دفتر قائم کیا جس میں بعض دوسرے وکلاء کے دفاتر بھی تھے۔ انہیں اپنے دفتر کو باوقار اور پرکشش انداز کا چیمبر بنانے کے لیے اپنی محدود آمدنی سے کوئی پیسہ نہ بچتا۔ جس چیمبر کا مالک بننے پر کوئی بھی وکیل فخر کر سکتا ہے۔ کامیابی کی سیڑھی پر ان کے قدم مضبوطی سے جم چکے تھے، اب انہوں نے میرے والد کو کئی خط لکھے اور تار بھیجے کہ اب وہ پورے خاندان کے ساتھ ان کے پاس بمبئی چلے آئیں۔

میرے والد اپنی شریک حیات کو کراچی میں کھو چکے تھے۔ وہ بڑا کاروبار جو انہوں نے اپنے بیٹے کو منتقل کرنے کی نیت سے انتہائی محنت اور جدوجہد کے نتیجے میں کھڑا کیا تھا، برباد ہو چکا تھا۔ وہ اس نتیجے پر پہنچے تھے کہ اب کراچی میں مزید قیام سے صرف ان کے ذہن میں تلخ یادیں تازہ ہوتی رہیں گی۔ مزید برآں اب جبکہ ان کا بیٹا بمبئی میں اپنے پاؤں پر آسودگی کے ساتھ کھڑا ہو رہا تھا۔ انہوں نے فیصلہ کیا کہ ان کے اور ان کے خاندان کے لیے بمبئی چلے جانا ہی بہتر رہے گا۔ یوں ہم بمبئی چلے آئے، اور کھڈک میں واقع خوجہ محلے میں دو کمروں پر مشتمل ایک چھوٹا سا مکان کرائے پر لے لیا۔ میرے بھائی ہم سے ملنے کے لیے اکثر وہاں آتے رہتے تھے۔ اب وہ اپنے پیشے میں کافی روپیہ کما رہے تھے جس کے ذریعے وہ آسودگی بسر کر رہے تھے اور اپنے خاندان کی مالی مدد بھی کیا کرتے تھے، اپنے تمام بہن بھائیوں کے تعلیمی اخراجات وہی برداشت کرتے تھے۔ انتہائی مشکل اور حوصلہ شکن جدوجہد نے ان کی خوداعتمادی کی چمک کو ماند نہیں کیا تھا۔ نہ ہی مکمل آزادی کی زندگی گزارنے پر ان کا اعتماد متزلزل ہوا تھا۔ اپنے سے بالاتر لوگوں کی سرپرستی اور سینئرز کی جانب سے ڈرانے دھمکانے یا ستائے جانے کے جواب میں ان کا رویہ بدستور جھک جانے یا شکست تسلیم کر لینے کے قطعی برعکس تھا۔ اسی وجہ سے سرچمن لال سیتلواڈ نے لکھا: ”جناح نے ہمیشہ حتیٰ کہ اپنے جونیئر ہونے کے دنوں میں بھی بڑی جرات کا مظاہرہ کیا۔ انہوں نے کبھی فریق مخالف کے وکیل یا جج کو خود پر غالب نہیں ہونے دیا۔“

لوگ اکثر اوقات میرے والد کو بتایا کرتے تھے کہ ان کا بیٹا اپنی حد سے بڑھتا جا رہا ہے اور یہ اس کا ظاہری گھمنڈ اپنے سینئرز کے ساتھ بار روم اور عدالت کے روبرو تیز مزاجی ان کے عروج اور ترقی کی راہیں مسدود کر کے رکھ دے گی۔ مگر محمد علی کے بارے میں ابتداء میں پائے جانے والے شکوک و شبہات ختم ہو چکے تھے اور میرے والد کے ذہن میں یہ اعتبار بڑھتا گیا کہ ایک شاندار مستقبل ان کے بڑے بیٹے کا منتظر تھا۔

مسٹر سٹرینگ مین بمبئی بار کے ایک سینئر اور قابلِ احترام انگریز رکن تھے۔ ان دنوں (محمد علی جناح اور سٹرینگ مین) کو ایک مقدمے کے سلسلے میں مشترکہ طور پر وکیل مقرر کیا گیا۔ ایک موقع پر میرے بھائی کو سٹرینگ مین کے چیمبر میں اس کیس پر مشترکہ صلاح مشورے کے لیے جانا پڑا۔ اس زمانے میں انگریزوں کو اپنے ہندوستانی رفقائے کار کے ساتھ تحکمانہ انداز روا رکھنا عام سی بات تھی۔ سٹرینگ مین نے قائد کے ساتھ بات چیت میں ایسا لب و لہجہ اور رویہ اختیار کیا جو میرے بھائی کے نزدیک توہین آمیز اور حقارت پر مبنی تھا۔ اس روز کے بعد وہ دوبارہ کبھی سٹرینگ مین کے چیمبر میں نہیں گئے۔ حتیٰ کہ عدالتوں کے اندر اور باہر جب کبھی سٹرینگ مین ان کے سامنے آیا تو اس کے سامنے رسمی علیک سلیک بھی نہیں کرتے۔

بمبئی میں ایک نوجوان وکیل کی حیثیت سے وہ ایک مرتبہ جسٹس مرزا کی عدالت میں پیش ہو رہے تھے۔ ان کے مخالف وکیل سر چمن لال ستیلواڈ تھے۔ جب قائد دلائل دے رہے تھے، تو جسٹس مرزا نے انہیں ٹوکا اور سر زنش کی۔ قائد نے اس کا برا منایا اور اس کے بعد انہوں نے جج کو ایسے انداز میں مخاطب کرنا شروع کر دیا جسے جسٹس مرزا نے توہین محسوس کیا۔ جج نے نوجوان بیرسٹر کو تنبیہ کرتے ہوئے کہا: "آپ کے الفاظ اور لہجہ توہین عدالت کی گرفت میں آ سکتا ہے۔" تو پھر جج نے ستیلواڈ سے مخاطب ہوتے ہوئے پوچھا: "مسٹر ستیلواڈ کیا آپ مجھ سے اتفاق کرتے ہیں؟" اس واقعہ کا ذکر کرتے ہوئے سر چمن لال ستیلواڈ نے اپنی کتاب میں لکھا: "جج کا مجھ سے اس قسم کا سوال کرنا انتہائی احمقانہ تھا۔ چنانچہ میں نے جواب دیا: یہ رائے دینا میرا کام نہیں ہے کہ مسٹر جناح نے توہین عدالت کا ارتکاب کیا ہے یا نہیں، یہ آپ کا حق ہے کہ آپ اس بات کا تعین کریں۔ مگر میں مسٹر جناح کے ایک جاننے والے کی حیثیت سے کہہ سکتا ہوں کہ ان کا مقصد عدالت کی توہین کرنا کبھی نہیں ہو سکتا۔"

بعد کے برسوں کے دوران اس واقعہ کا یاد کرتے ہوئے قائدؒ نے بتایا: ”اس روز کے بعد میں نے فیصلہ کر لیا تھا میں بحیثیت وکیل جسٹس مرزا کی عدالت میں کبھی پیش نہیں ہوں گا۔“

☆☆☆

قوم یتیم ہو گئی

جب میں کراچی میں اس مزار کی دیواروں کو ایک ایک انچ بلند ہوتے ہوئے دیکھتی ہوں جو میرے بھائی کے جسدِ خاکی کو محفوظ کر دینے کے لیے کھڑی کی جا رہی ہیں تو میرے ذہن میں اس المناک دن کی یادیں آجاتی ہیں، جب 11 ستمبر 1948ء کو ہفتہ کے دن میرا بھائی مجھ سے چھن گیا تھا اور میری قوم یتیم ہو گئی تھی۔ ان کے ساتھ میری رفاقت چالیس برس سے بھی زائد عرصے پر محیط رہی تھی۔ اس طویل عرصے کے دوران میں ان کی زندگی کو کس طرح دیکھا تھا۔ اس کام کا آغاز کرنے سے پہلے مناسب ہو گا کہ میں آج صبح ان کی قبر پر حاضر ہوں۔ ان کے لیے فاتحہ خوانی کروں، انہیں پھولوں کا نذرانہ پیش کروں یا ان کے لیے آنسو بہاؤں۔ کیونکہ آدمی جن سے محبت کرتا ہے، جب وہ بچھڑ کر دوسرے جہان میں چلے جائیں تو کوئی انہیں ان چیزوں کے سوا بھلا کیا دے سکتا ہے۔ وہ تاریخ کا حصہ بن چکے ہیں، یہ کتاب ان کی زندگی اور کارناموں، ان کی برسوں کی جدوجہد، رکاوٹوں کے ایام اور کامیابی کے لمحات اور اس تصور، فلاسفی اور نظریئے کو کھول کر رکھ دے گی۔ جو ان کے مطالبہ پاکستان کی بنیاد رکھی۔

جہاں تک اپنے مقاصد میں کامیابی کے حصول کے لیے عزم کرنے کا تعلق ہے، قدرت نے انہیں بے پناہ قوت اور توانائی عطا کی تھی۔ اور اس وصف کو ان کے بظاہر ناتواں اور کمزور جسم میں چھپا دیا گیا تھا اور یہ جسم ان کی قوت و صلاحیتوں سے بھر پور سیمابی ذہن اور قوت ارادی کی تیز رفتاری کے ساتھ ملا کر چلنے سے قابل نہیں تھا۔ اس سے بھی زیادہ المناک بات یہ تھی کہ ان کی صحت ایسی نہیں تھی جو بے پناہ مصائب و مشکلات کے مقابلے میں ان کی جدوجہد سے بھر پور

زندگی کا ساتھ دے سکتی اور انہیں وہ قوت فراہم کر سکتی ہے کہ انہیں ضرورت تھی۔ تا کہ وہ اپنی قوم کی اٹل تقدیر کی جانب رہنمائی کرنے کی راہ میں حائل مشکلات پر قابو پا سکیں۔

زندگی کے آخری دس برس کے دوران ان کی سیاسی سرگرمیوں اور ذمہ داریوں میں کئی گنا اضافہ ہو گیا تھا۔ جب وہ بڑھاپے کی سرحدوں میں پہلے ہی داخل ہو چکے تھے۔ ڈاکٹروں کے مشورے اور چھوٹی بہن کی التجاؤں کے باوجود انہوں نے اپنا کوئی خیال نہ رکھا۔ وہ آرام کرنے اور اپنے کام میں کمی کرنے سے مسلسل انکار کرتے رہے۔ وہ زندگی کی توانائی کے باقی ماندہ ذخیرے کو کسی کھلنڈرے بچے کی طرح بے دریغ لٹاتے رہے۔ ان کی خرابی صحت سے خوفزدہ ہو کر جب کبھی میں ان سے طویل اوقات میں زیادہ کام نہ کرنے کی التجا کرتی یا ہندوستان بھر کے مسلسل طوفانی دوروں کا پروگرام کچھ عرصہ کے لیے ملتوی کر دینے کا مشورہ دیتی تو وہ کہتے: "کیا تم نے کبھی سنا ہے کہ کسی جنرل نے چھٹی کی ہو جب اس کی فوج میدانِ جنگ میں اپنی بقا کی جنگ لڑ رہی ہو؟"

انہیں کمال حاصل تھا کہ بنا بنایا مقدمہ ایک جملے میں اڑا دیتے۔ میری بھلا کی حیثیت کہ انہیں قائل کر سکتی۔ ایسے مواقع پر میں عموماً دلائل کی بجائے جذبات کا سہارا لیا کرتی تھی۔ میں کہتی: "آپ کی زندگی بے حد قیمتی ہے اور آپ کو اپنا خیال رکھنا چاہیئے۔"

ان کے چہرے پر ناگواری کے تاثرات ابھرتے۔ وہ کہتے: "فردِ واحد کی صحت کیا حیثیت رکھتی ہے، جبکہ میں ہندوستان کے دس کروڑ مسلمانوں کی بقا کے بارے میں پریشان ہوں، کیا تم جانتی ہو کہ مسلمان قوم کتنے خطرے میں ہے؟"

ان کا یہ کہنا جذبات کا خاموش کر دینے کے لیے کافی ہوتا۔ اور اس کے بعد وہ اپنی صحت کو بالکل نظر انداز کرتے ہوئے سیاست کے سمندر کی اتھاہ گہرائیوں میں اتر جاتے۔

1935ء کے گورنمنٹ آف انڈیا ایکٹ کے تحت فروری 1937ء میں عام انتخابات کروائے جا رہے تھے، جس میں آل انڈیا مسلم لیگ پہلی مرتبہ اپنے امیدوار کھڑے کر رہی تھی۔ اس مرحلے پر لیگ نہ تو پوری طرح منظم تھی اور نہ ہی اس کا پیغام ابھی مسلمانوں تک پوری طرح پہنچایا جا سکا تھا۔ چنانچہ رائے عامہ کو لیگ کے حق میں استوار اور منظم کرنے کی ذمہ داری ان کے کندھوں پر آگئی۔ عوام کے اجتماعات اور جلسوں سے خطاب کرنے کے لیے وہ جس قدر زیادہ سفر کرتے، اسی قدر ان سے مزید جلسوں کے لیے وقت مانگا جاتا۔ ملک بھر کے مختلف شہروں،

قصبوں اور دیہات سے انہیں وہاں کے دورے کرنے کی بے پناہ دعوتیں موصول ہوتیں، تا کہ لیگ کا پیغام مسلمانوں تک پہنچایا جا سکے۔ مسلمانوں میں یہ شعور بتدریج پیدا ہوتا جا رہا تھا کہ جب تک وہ متحد نہیں ہوں گے، ان کا سیاسی مستقبل محفوظ نہیں ہو سکے گا۔

وہ جہاں بھی گئے، میں ان کے ہمراہ ہوتی تھی۔ مسلمانوں کا خوابِ غفلت سے بیدار ہونا انتہائی حوصلہ کا باعث تھا۔ وقت کے ساتھ ساتھ ان جلسوں میں شریک ہونے والے لوگوں کی مسلسل بڑھتی ہوئی تعداد اس امر کی غمازی کرتی تھی کہ مسلمانوں کے ذہنوں پر نہ صرف مسلم لیگ کا اثر و نفوذ بڑھ رہا ہے، بلکہ محمد علی جناح کی ذاتی مقبولیت میں بھی اضافہ ہو رہا ہے۔ جب وہ یہ کہتے کہ مسلمان ایک بڑی قوت ہیں جو مستقبل میں نافذ کی جانے والی سیاست اصلاحات کے نافذ کی جانے والی سیاسی اصلاحات کے نفاذ میں فیصلہ کن کردار ادا کر سکتے ہیں، بشرطیکہ متحد ہو جائیں تو اس پر فضا پرجوش نعروں اور تالیوں سے گونج اٹھتی۔ وہ ایک پرجوش رہنما کی طرح بلند آواز میں کہتے:

”سب کو جان لینا چاہیئے کہ مسلم لیگ قائم رہنے کے لیے وجود میں آئی ہے۔ مسلم لیگ کی بڑھتی ہوئی مقبولیت درہم برہم کرنے کی تمام کوششیں ناکام ہوں گی۔ مسلمان اپنی منزل کی جانب آگے بڑھ رہے ہیں اور دنیا کی کوئی طاقت ان کو کامیاب ہونے سے نہیں روک سکتی۔“

اس قسم کے امید افزا الفاظ کے ساتھ جب وہ اپنی تقریر ختم کرتے تو ہجوم بے اختیار نعرے لگانے لگتا۔

”مسلم لیگ زندہ باد۔ محمد علی جناح زندہ باد۔“

1940ء میں جب سے مسلم لیگ نے لاہور میں اپنی قرار داد منظور کی تھی جو قرار داد پاکستان کے نام سے معروف ہوئی، تب سے کام کی زیادتی کے باعث وہ اپنی گرتی ہوئی صحت کا بھی خیال نہ رکھتے۔ ان کی واحد قوت ان کے منتشر اور غیر منظم پیروکار تھے۔ انہوں نے اس برس (1940) سے انسانی تاریخ کے ایک عظیم باب کی حیثیت سے قیام پاکستان کے مطالبے کو عملی شکل دینے کا بیڑہ اٹھایا۔ ایک سیاستدان کو اپنی جدوجہد کے دوران بے پناہ سفر کرنا پڑتا ہے، طویل اور تکلیف دہ حالات میں سخت محنت کرنا پڑتی ہے اور یہ امور ان کی صحت پر بہت گراں تھے۔ مگر انہوں نے ان سب مصائب و مشکلات کو خندہ پیشانی سے برداشت کیا۔ پانچ فٹ ساڑھے دس انچ

قد کے ساتھ ان کا معمول کا وزن 112 پونڈ تھا۔ مگر اب ایک ایک اونس کر کے ان کا وزن کم ہو رہا تھا۔ وہ اپنی صحت اور اسی قسم کے دیگر ذاتی معاملات سے قطعی بے نیاز ہو چکے تھے۔ وہ نہیں چاہتے تھے کہ اس قسم کے نجی معاملات ان کے کام میں حائل ہوں۔ میں نے ایک باہر پھر انہیں دلائل سے اور التجاؤں کے ذریعے قائل کرنے کی کوشش کی کہ وہ قابلِ ارادوں کے آگے بند باندھنے میں کامیاب نہ ہو سکی جو ان تمام رکاوٹوں کو ختم کر دینا چاہتے تھے جو ان کی قوم کی راہ میں حائل تھیں۔

مسلم لیگ کے صدر کی حیثیت سے اپنے فرائض اور ذمہ داریاں پوری کرنے کے علاوہ انہیں مرکزی مجلس قانون ساز میں مسلم لیگ پارٹی لیڈر کی حیثیت سے بھی کام کرنا پڑتا تھا۔ گذشتہ کئی روز سے انہیں بخار ہو رہا تھا، اس کے باوجود ہم نومبر 1940ء میں اسمبلی کے اجلاس میں شرکت کرنے کے لیے بمبئی سے دہلی روانہ ہوئے۔ وہ رات کا کھانا کھا چکے تھے اور ٹرین تاروں بھرے صاف شفاف آسمان کے نیچے تیزی کے ساتھ دہلی کی طرف روانہ تھی۔ وہ بستر میں لیٹے ہوئے تھے کہ اچانک زور سے چلا اٹھے۔ جیسے کسی نے لوہے کے سرخ دہکتے ہوئے ٹکڑے سے ان کا جسم داغ دیا ہو۔ میں جلدی سے ان کے پاس پہنچی اور ان کے اس بلبلا اٹھنے کی وجہ دریافت کی۔ درد کی شدت نے ان کی قوت گویائی سلب کر لی تھی۔ چنانچہ کچھ کہنے کی بجائے وہ انگلی سے ریڑھ کی ہڈی کے نیچے دائیں جانب صرف اشارہ کر کے رہ گئے۔ ظاہر ہے کہ درد ناقابل برداشت تھا اور یہ بھی واضح تھا کہ چلتی ہوئی ٹرین میں طبی امداد نہیں مل سکتی تھی۔ میں نے درد کو کم کرنے کے خیال سے ان کے جسم کے متاثرہ حصے کو آہستہ آہستہ سہلانا شروع کر دیا۔ مگر ایسا کرنے سے ان کی تکلیف میں اور بھی اضافہ ہونے لگا۔ مایوس ہو کر میں نے یہ کوشش بھی ترک کر دی۔ مجھے امید تھی کہ ٹرین کسی اسٹیشن پر رکے گی تو متاثرہ حصے کی ٹکور کرنے کے لیے گرم پانی کی بوتل مل جائے گی۔ وقت گزرتا رہا۔ یہاں تک کہ ٹرین کے بریکوں کی چرچراہٹ سنائی دینے لگی اور بالآخر گاڑی ایک اسٹیشن پر رک گئی۔ میں نے گارڈ سے کہا کہ وہ فوراً گرم پانی کی بوتل کا بندوبست کرے اور اسے ہمارے کمپارٹمنٹ میں بھجوا دے۔ بوتل آ گئی تو میں نے اسے ایک نیپکن میں لپیٹ کر درد والی جگہ پر آہستہ آہستہ ٹکور کرنا شروع کی اور یہ جان کر مجھے قدرے اطمینان ہوا کہ اس سے درد کسی حد تک کم ہو گیا تھا۔

ٹرین علی الصبح دہلی پہنچی اور جلدی ہی ہم اپنی رہائش گاہ 10 اورنگ زیب روڈ پر پہنچ گئے۔ میں نے اپنے بھائی کو کار سے بستر تک لے جانے میں ان کی مدد دی۔ اور میں نے ٹیلی فون پر ڈاکٹر کو بلایا، تفصیلی چیک اپ کے بعد ڈاکٹر نے بتایا کہ قائدِ اعظم کے پھیپھڑے کی جھلی میں ورم آ گیا ہے اور انہیں کم از کم دو ہفتے تک لازمی طور پر آرام کرنا چاہیئے۔ جو نہی ڈاکٹر گیا میرے بھائی نے مجھ سے کہا: ''کس قدر بد قسمتی کی بات ہے، یہ اجلاس بہت اہم ہے، میری وہاں موجودگی نہایت ضروری ہے اور ایک میں ہوں کہ بستر میں جبری آرام کی عیاشی کا پابند ہو گیا ہوں۔''

وہ صرف دو روز تک بستر میں رہے، اس کے بعد دوبارہ کام میں مصروف ہو گئے۔ وہ ایک مختلف اور بے چین شخص تھے جو اپنی قوم کی تاریخ کے پریشان دور میں پیدا ہوئے تھے۔

یہ سنٹرل اسمبلی کا نہایت اہم اجلاس تھا۔ اور جنگ میں ہندوستان کی شرکت کے ضمن میں مسلم لیگ کا موقف بیان کرنے کی ذمہ داری ان پر آن پڑی۔ جب میں نے معزز مہمانوں کی گیلری میں سے انہیں ایوان میں اپنی نشست سے خطاب کرنے کے لیے اٹھ کھڑے ہوتے ہوئے دیکھا تو میں حیران ہو رہی تھی کہ کیا واقعی وہ اپنی تمام تر توانائیاں جمع کر لینے کے باوجود چند منٹ سے زیادہ تقریر کر سکیں گے۔ انہوں نے اپنی تقریر کا آغاز ایسے لہجے اور انداز سے کیا جس میں تھکن نظر آ رہی تھی۔ مگر جب انہوں نے اپنے دلائل کا آغاز کیا تو تھکاوٹ کے تمام آثار یکا یک غائب ہو گئے۔ وہ جلد ہی اپنے اصل رنگ میں آ گئے اور انہوں نے مسلمانوں کو بہلانے کے لیے حکومت کی جانب سے کئے جانے والے پر اپیگنڈا کا مذاق اڑانا شروع کر دیا۔ حکومت کو تنقید کا نشانہ بناتے ہوئے انہوں نے کہا: ''یقیناً آپ بہت پر اپیگنڈا کر سکتے ہیں، مگر بعض ایسی چیزیں ہیں جنہیں آپ محض خوف و ہراس پھیلا کر حاصل نہیں کر سکتے۔''

انہوں نے تقریر جاری رکھتے ہوئے کہا: ''کمزور فریق کو لیکچر دینا فیشن بن چکا ہے، اور آپ کمزور فریق کو لیکچر دینے کی پوزیشن میں ہیں۔۔۔ مگر ہم یقیناً ایسے اخراجات کی فراہمی کے حق میں ووٹ نہیں دے سکتے جو ہم مہیا نہیں کر سکتے جن میں ہمارا کوئی حصہ نہ ہو یا جن پر ہمارا کنٹرول نہ ہو۔''

انہوں نے گرم جوشی سے تقریر جاری رکھتے ہوئے کہا: ''اگر کانگریس گورنمنٹ کو شکست دینے میں کامیاب ہو گئی تو اس میں میرا کیا قصور۔ قصور تو آپ کے آئین کا ہو گا۔ یہ آئین تم نے

تیار کیا اور تم بے لچک اور دقیانوسی حکومت کئی دہائیوں سے اس پر عمل کئے جا رہی ہو، اور تم اسے دونوں طریقوں سے نہیں اپنا سکتے۔ یہ ہے تمہارا آئین جو تم نے خوف ہی بنایا ہے۔

میں اس ایوان میں بر ملا کہتا ہوں کہ آج تک ہندوؤں اور مسلمانوں کے درمیان کوئی سمجھوتہ طے نہ پانے کی وجہ (کانگریسی رہنماؤں سے معذرت کے ساتھ) یہ رہی ہے کہ کانگریس خالصتاً ایک ہندو تنظیم ہے خواہ ان کا بیان کچھ ہی کیوں نہ ہو۔ اور یہ کہ ہندو اور کانگریسی لیڈروں کے دماغ کے آخری گوشے میں ہمیشہ یہ بات موجود رہی ہے کہ مسلمانوں کو بالآخر کانگریس کے دام اور ہندو راج کے تسلط میں آنا پڑے گا اور یہ کہ مسلمان ایک اقلیت ہیں اور اقلیت کے لیے وہ صرف تحفظات ہی کا مطالبہ کر سکتے ہیں، مگر میں کانگریسی حضرات اور کانگریس پارٹی کے نیشنلسٹ ارکان کو بتا دینا چاہتا ہوں کہ مسلمانوں کے پاس ہمیشہ اس بات کے ٹھوس دلائل اور موجود رہے ہیں۔ اور اس بات میں گزشتہ پچپیں برس کے دوران کوئی تبدیلی نہیں آئی۔۔۔ کہ مسلمان ایک الگ قوم ہیں۔"

اس پر مسٹر ایم ایس اینے نے انہیں زچ کرنے کی کوشش کرتے ہوئے کہا: "کم از کم 1920ء سے پہلے تو مسٹر جناح کے خیالات یہ نہیں تھے۔"

قائدِ اعظم نے جواب دیا: "1916ء میں لکھنؤ پیکٹ دو الگ الگ قوموں کے اصول کی بنیاد پر منظور کیا گیا تھا۔"

مسٹر اینے اس جواب سے مطمئن نہ ہوئے اور انہوں غصے سے چلا کر کہا: "میں وہاں موجود تھا۔"

قائدِ اعظم یہ سن کر پر سکون انداز میں کھڑے رہے اور پھر انہوں نے نہایت نرمی سے فرمایا: "ہو سکتا ہے میرے دوست اس وقت وہاں موجود ہوں مگر تب کسی نے ان کا نام تک نہیں سنا تھا۔"

اس سخت جملے نے عام حالات میں کبھی نہ دبنے والے مسٹر اینے کو خاموش کر دیا۔

قائدِ اعظم تقریباً ایک گھنٹہ بولے اور بدستور کھڑے تھے۔ جبکہ میں ان کی صحت کے بارے میں تشویش میں مبتلا تھی جو ہر گز اطمینان بخش نہیں تھی۔ خوش قسمتی سے انہوں نے ان الفاظ کے اپنی تقریر ختم کر دی۔

”بھولا بھائی ڈیسائی نے اپنی تقریر میں صرف دو چیزوں پر زور دیا ہے، جمہوریت، جمہوریت، جمہوریت اور قومی حکومت کا قیام۔ مگر اس کا فائدہ؟ یہ کابینہ خواہ کیسی ہی کیوں نہ ہو، یہ قانون ساز اسمبلی کے سامنے جوابدہ ہوگی جس میں مسٹر بھولا بھائی ڈیسائی منتخب ارکان کی دو تہائی اکثریت کی قیادت حاصل کر سکتے ہیں۔ جذبہ ترحم اس شخص کے ساتھ ہوگا جو کابینہ میں موجود ہونے کے باوجود کانگریس کی قیادت اور اس کی ہدایات سے آزاد رہے گا۔“

جب ہم اسمبلی سے بذریعہ کار گھر کی جانب جا رہے تھے تو میں نے دیکھا کہ ان کے ہاتھ کانپ رہے تھے اور ان کی انگلیاں سگریٹ کو بمشکل تھامے ہوئے تھیں۔ گھر پہنچتے ہی وہ سیدھے جا کر بستر میں لیٹ گئے۔ یہاں تک کہ ان میں لباس تبدیل کرنے کی بھی ہمت نہیں رہی تھی۔

میرے خیال میں پھیپھڑے کی جھلی پر ورم کا حملہ ہی بالآخر آگے چل کر ان کی موت کا سبب بنا، وہ اس مرض پر قابو پا سکتے تھے بشرطیکہ وہ احتیاطی تدابیر اختیار کرتے۔ اگر ان کے کام کرنے کے اوقات معین اور منظم ہو جاتے۔ اگر وہ آندھیوں اور بارشوں میں باہر نکلنے میں احتیاط کرتے مگر وہ برصغیر کے تقریباً مسلسل دورے پر رہا کرتے تھے۔ اس مرض کے بعد وہ سردی سے الرجک ہو گئے تھے۔ یہاں تک کہ سردی کے معمولی سے حملے سے بھی وہ کئی کئی روز بخار اور کھانسی کی اذیت میں مبتلا رہتے تھے۔

چند ماہ بعد اپریل 1941ء میں ہم بمبئی سے مدراس جا رہے تھے جہاں انہیں آل انڈیا مسلم لیگ کے اجلاس کی صدارت کرنا تھی۔ ہماری ٹرین ابھی مدراس سے چند گھنٹے کی مسافت پر تھی کہ وہ اپنی سیٹ سے اُٹھ کر غسل خانہ میں گئے۔ یہ دیکھ کر صدمے سے میرا برا حال ہو گیا کہ وہ چند قدم چلنے کے بعد ٹرین کے چوبی فرش پر نڈھال ہو کر گر گئے۔ میں لپک کر ان کے پاس پہنچی اور ان سے پوچھا: ”جن کیا بات ہے؟“ ایک روکھی پھیکی اور تھکی ہوئی مسکراہٹ ان کے لبوں پر نمودار ہوئی، ”میں بے حد کمزوری اور تھکاوٹ محسوس کر رہا ہوں۔“

انہوں نے اپنا ہاتھ میرے شانے پر رکھ کر خود کو اٹھایا اور لڑکھڑاتے ہوئے اپنی برتھ کی جانب بڑھے۔ خوش قسمتی سے ٹرین چند ہی منٹ کے دوران کسی اہم جنکشن پر رُک گئی، جہاں ہزاروں جوشیلے مسلم لیگی کارکن ”قائد اعظم زندہ باد“ کے نعرے لگا رہے تھے۔ میں نے آہستگی

سے اپنے کمپارٹمنٹ کا دروازہ کھولا اور چلا کر کہا: "شور مت مچایئے، قائد اعظم تھکاوٹ اور بخار کے باعث بستر پر ہیں، دوڑ کر کسی ڈاکٹر کو بلایئے۔"

چند ہی منٹ کے اندر ڈاکٹر آ گیا جس نے قائد اعظم کا معائنہ کیا، اور بولا: "جناب! آپ کو معمولی نروس بریک ڈاؤن ہوا ہے، خطرے کی کوئی بات نہیں، مگر میں آپ کو کم از کم ایک ہفتے تک کسی بھی قسم کی سرگرمی میں حصہ نہ لینے کا مشورہ دوں گا۔ آپ کو ایک ہفتے تک بستر میں مکمل آرام کرنا چاہیئے۔"

اب ہم مدراس میں تھے جہاں آل انڈیا مسلم لیگ کے اجلاس میں شرکت کے لیے ہزاروں مندوبین جمع تھے۔ قائد اعظم اس قدر کمزور تھے کہ پہلے روز کے عام اجلاس سے خطاب نہ کر سکے مگر دوسرے روز انہوں نے صدارتی خطبہ دینے پر اصرار کیا۔ میں نے انہیں اس کے برعکس مشورہ دیا مگر وہ اپنے فیصلے پر مصر رہے۔ اس پر میں نے اس سے مختصر تقریر کرنے کی استدعا کی۔ انہوں نے یقین دلایا: "ہاں، یہ تقریر بہت مختصر ہوگی۔"

جو نہی وہ خطاب کرنے کے لیے کھڑے ہوئے تو اجلاس پر گہری خاموشی چھا گئی۔ انہوں نے نوٹس کے بغیر فی البدیہہ تقریر کی۔ انہوں نے ہر نکتے کو وضاحت سے استوار کیا اور انہیں ایسی آسان زبان میں بیان کیا کہ اسے عام شخص بھی بآسانی سمجھ سکتا تھا۔ خواہ وہ اس دور کی ہندوستانی سیاست کی پیچیدگیوں اور باریکیوں سے یکسر نابلد ہی کیوں نہ تھا۔ انہوں نے ایک ایسے لیڈر کے انداز میں اپنے خیالات حاضرین تک پہنچائے جو نہ صرف اپنے ذہن کو سمجھتا تھا۔ بلکہ اپنے پیروکاروں کے جذبات سے بھی بخوبی آگاہ تھا۔ ان کا خطاب اختصار سے بہر حال کوسوں دور تھا، کیونکہ وہ مسلسل دو گھنٹے تک تقریر کرتے رہے۔ یہ رہنما جو صاحبِ فراش ہونے کے باوجود اپنے عوام کے پاس جانے کے لیے بے قرار تھا۔ ہندوستانی مسلمانوں کی منزلِ مقصود کی انتہائی جرأت کے ساتھ وضاحت کر رہا تھا۔ انہوں نے کہا: "میں آپ لوگوں کو انتہائی واضح طور پر بتا دینا چاہتا ہوں کہ آل انڈیا مسلم لیگ کی منزل یہ ہے کہ ہم ہندوستان کے شمال مغربی اور مشرقی علاقوں میں مکمل آزاد ریاستوں کا قیام چاہتے ہیں۔ جن میں دفاع، خارجہ امور، مواصلات، کسٹمز، کرنسی اور ایکسچینج وغیرہ جیسے امور حتمی طور پر خود ہمارے ہاتھوں میں ہوں۔ ہم کسی قسم کے حالات میں بھی آل انڈیا نوعیت کا آئین نہیں چاہتے۔ جن کے تحت مرکز میں واحد حکومت قائم کر دی جائے، ہم

اس پر کبھی راضی نہیں ہوں گے۔ میں آپ کو بتا دینا چاہتا ہوں کہ اگر ایک بار ہم اس پر راضی ہو گئے تو مسلمان ہمیشہ کے لیے اور قطعی طور پر اپنا وجود کھو بیٹھیں گے۔۔۔ جہاں تک شمال اور مشرقی ہندوستان میں ہمارے آزاد علاقوں کا تعلق ہے، ان کے بارے میں ہم نہ تو کسی طاقت اور نہ ہی کسی مرکزی حکومت کے معاون بنا کبھی قبول کریں گے۔''

مجھے ان کی کار کردگی پر فخر تھا، مگر اس فخر کے پیچھے ان کی خرابی صحت کا اندیشہ بھی منڈلا رہا تھا، تاہم اس عظیم اجتماع کے بے پناہ جوش و خروش میں ان کے تھکے ماندے جسم کو انتہائی طاقتور ٹانک فراہم کر دیا تھا۔ وہ کام کے باعث اپنی کمزوری، تھکن اور بخار کو بھول گئے۔ قیام پاکستان سے پہلے کے سات سال ان کی زندگی کا مصروف ترین اور انتہائی ہنگامہ خیز دور تھا۔ انہوں نے ہندوستانی مسلمانوں کے لیے انتھک اور مسلسل جدوجہد کی اور اس کے جواب میں مسلمانوں نے انہیں اپنی خوشدلی سے وفادار اور تعاون دیا۔ مسلمانوں نے انہیں محبت سے قائدِ اعظم دی گریٹ لیڈر کے نام سے پکارا۔ اب قائدؒ بھی ہندوستانی مسلمانوں کی نجات کی جدوجہد میں اپنے کردار کے بارے میں پہلے سے کہیں زیادہ آگاہ ہو چکے تھے۔ میں جو ہمیشہ ان کے ساتھ رہی، دیکھتی کہ وہ بمشکل علالت سے اٹھتے۔ ان کے چہرے پر تھکن اور اضمحلال کے آثار نمایاں ہوتے۔ حالانکہ وہ خاصا سمارٹ لباس پہنتے تھے۔ ہم مسلمانوں کے عام جلسوں سے خطاب کرنے کے لیے اپنی کار میں روانہ ہو جاتے۔ تمام راستے وہ نہایت خاموش رہتے۔ اس خاموشی کا مقصد خیالات کو مجتمع کرنا نہیں ہوتا تھا بلکہ وہ اپنی توانائی کا ایک ایک اونس بچا کر رکھنا چاہتے تھے۔ وہ پیروکاروں اور مداحوں کی صفوں میں پہنچتے تو ان کی نگاہوں میں تھکاوٹ اور اداسی ہوتی تھی اور وہ دونوں طرف باری باری قدرے جھک جھک جاتے اور اپنی پارٹی کے لوگوں کے سلام قبول کرتے اور انہیں پرجوش جوابی سلام کرتے چلے جاتے۔ ان کے قدم مضبوط ہوتے تھے اور ان کی آنکھیں امید کی روشنی سے جگمگاتی تھیں۔ وہ ڈائس پر چلے جاتے۔ قرآن حکیم کی چند آیات کی تلاوت اور مقامی رہنماؤں کی تقاریر کے بعد وہ چند قدم چل کر مائیک کے سامنے تشریف لے جاتے۔ اب وہ ننگی زمین پر بیٹھے ہوئے لاکھوں پرجوش لوگوں پر ایک طائرہ نگاہ ڈالتے اور اس کے بعد وہ ایسے لب و لہجے اور آواز میں ان سے خطاب کرنے کا آغاز کرتے، گویا ان پڑھ بڑھاپا، خرابی صحت بالکل انداز ہی نہ ہوئی ہوں۔ تقریر میں وقفے کے دوران حاضرین ''قائدِ اعظم زندہ باد'' کے نعرے لگاتے۔ وہ اپنی آواز کو عوام

کے دلوں میں پیدا ہونے والی امیدوں، امنگوں اور مسرتوں کے ساتھ ساتھ بلند سے بلند تر کرتے چلے جاتے جو اب تک خود کو کھلے آسمان تلے ہولناک اندھیرے کی قید میں محسوس کر رہے ہوتے تھے۔ قائد اعظمؒ کی قوم یہ بات نہیں جانتی تھی کہ ان کا لیڈر کس قدر تھکا ماندہ، مضحل اور جسمانی طور پر کمزور اور بیمار ہے۔ وہ اپنی قوم کے ہیرو تھے اور ہیرو کے ہیرو پن کو بھلا کون الزام دے سکتا ہے؟

گھر واپسی وہ اپنے کمرے میں بے سدھ اور بے جان ہو کر لیٹ جاتے اور ہانپتے ہانپتے سانس لیتے۔ تاریخ کے دوسرے بہت سے مشاہیر کی طرح وہ تنہائی میں زیادہ آرام محسوس کرتے تھے، مگر ان کے اندر دہکتی ہوئی آگ اپنی قوم کے دلوں کے درد سے بھی گرمائے رکھتی تھی۔

خوش قسمتی سے وہ اپنی مرضی کے مطابق سونے کی صلاحیت کے بھی مالک تھے، چنانچہ دن بھر کی پریشانیاں اور تفکرات ان کے تحت الشعور کے باہر تک ہی محدود رہتی تھیں، حتیٰ کہ وہ گہری نیند کی حالت میں ان کے خیالات میں نہیں اُترپاتی تھی۔ ہر صبح کے ساتھ ان کے نام زیادہ خطوط، تازہ درخواستیں آ جاتیں اور نئے نئے مسائل اور بھاری بھر کم معاملات فیصلوں کے منتظر ہوتے۔

وہ ایک ایسی روح تھے جو خدمت کے لیے بر قرار تھی اور وہ روح ایک ایسے جسم میں تھی جو زیادہ کام اور خرابی صحت سے ٹوٹ چکا تھا۔ کئی سالوں تک ان پر بخار کی سی کیفیت طاری رہی، بخار کے بار بار حملوں نے ان کے جسم کو کمزور کر دیا تھا۔

قیامِ پاکستان کا مطالبہ تسلیم کیا جا چکا تھا اور پاکستان 15،14 اگست کے درمیانی شبِ معرضِ وجود میں آ چکا تھا۔ جب ہم گاڑی میں کراچی کی مختلف سڑکوں پر سے ہوتے ہوئے گورنر جنرل ہائوس کی جانب جا رہے تھے تو لوگوں کے انتہائی خوش اور پر جوش ہجوم کو ہر گز خبر نہیں تھی کہ قائد اعظم کس قدر شدید علیل تھے۔ ان کی قوم کے لیے یہ آزادی کا دن تھا اور خود قائد اعظمؒ کے لیے یہ تکمیل کا ایک لمحہ تھا۔ منزل آ گئی تھی مگر سفر ابھی ختم نہیں ہوا تھا۔ دنیا کے سیاسی نقشے پر اُبھرنے والی اس مملکت کو ابھی کئی بڑے اور سنگین مسائل کا سامنا تھا۔ سربراہِ مملکت کی حیثیت سے پاکستان کی تقدیر کشتی کو ایک محفوظ ساحل تک لے جانے کا کام ان کے ہاتھوں میں تھا اور وہ کام کی کثرت سے تھک چکے تھے۔

میں نے انتہائی افسوس اور کرب کے ساتھ دیکھا کہ کامیابی کے اس عظیم لمحے میں قائد اعظم کی جسمانی صحت کسی بھی لحاظ سے تسلی بخش نہیں تھی، ان کی بھوک برائے نام رہ گئی تھی بلکہ بالکل ہی ختم ہو چکی تھی۔ چنانچہ انتہائی توجہ اور محبت سے بنائے گئے کھانے بھی انہیں کھانے کی طلب پر آمادہ نہیں کرتے تھے۔ ان کی زندگی بھر کی اپنی مرضی سے سو جانے کی عادت اب عنقا ہو چکی تھی اور وہ مسلسل کئی کئی راتوں تک بے خوابی کے عالم میں تکیوں پر کروٹیں بدلتے اور جاگتے رہتے تھے۔ ان کی کھانسی پر اضافہ ہو گیا تھا اور اس کے ساتھ حرارت بھی اب زیادہ رہنے لگی تھی۔ پاکستان کی سرحد کے اس پر سے مسلمانوں کے قتل عام، آبروریزی، آتش زنی اور لوٹ مار کے خوف زدہ کر دینے والے واقعات نے قائد اعظمؒ کے ذہن پر شدید اثرات مرتب کئے تھے۔

جب وہ ناشتے کی میز پر مجھ سے اس قدر بڑے پیمانے پر کئے جانے والے قتل عام کا ذکر کرتے تو ان کی آنکھیں آنسوؤں سے نم ہو جاتیں۔ ہندوستان سے اپنے خوابوں کی سرزمین پاکستان آنے والے مہاجرین کے مصائب نے ان کے ذہن پر افسردگی طاری کر رکھی تھی اور پھر ابھی پاکستان کا آئین تشکیل دیا جانا تھا۔ جب بھی انہیں وقت ملتا، وہ اپنا ذہن اس جانب مرکوز کر دیتے اور اپنے مطالعے کے کمرے میں اکثر اس کام میں مصروف ہو جایا کرتے۔ ایسے میں وہ مختلف ملکوں کے وساتیر سے متعلق کتب میں گھرے ہوئے دکھائی دیتے تھے۔ کشمیری مسلمانوں کے مسائل نے بھی ان کے ذہن کو بری طرح متاثر کیا تھا جنہیں ایک غیر ملکی اور غالم حکمران نے دھوکہ دیا تھا۔ پاکستان اگرچہ دنیا کے نقشے پر معرضِ وجود میں آ چکا تھا مگر ابھی اسے اپنی ہی سرزمین پر اپنی جڑیں مضبوط کرنا تھیں۔ یہی وہ مسائل تھے جن کا وہ صبح، دوپہر اور شام تذکرہ کرتے رہتے تھے، انہیں اور وسوسوں نے ان کا ذہنی سکون ختم کر دیا تھا اور یہ ڈراؤنے خواب کی طرح انہیں پریشان کر رہے تھے۔

ہماری کراچی میں آمد کے چند روز بعد ان کے اعزاز میں کراچی کلب میں ایک عشائیہ دیا گیا۔ اس موقع پر انہوں نے کہا: ”مس فاطمہ جناح میرے لیے مسلسل امداد اور حوصلہ افزائی کا ذریعہ وہی ہیں۔ ان دنوں میں جبکہ مجھے اندیشہ تھا کہ برطانوی حکومت مجھے گرفتار کر لے گی، یہ میری بہن ہی تھی، جس نے مجھے حوصلہ دیا اور بہت سی امید افزا باتیں کہیں جبکہ انقلاب آنکھوں میں آنکھیں ڈالے مجھے گھور رہا تھا۔ انہوں نے میری صحت کا مستقل خیال رکھا۔“

اس وقت بھی ان کی سامعین کو ہرگز کوئی اندازہ نہیں تھا کہ ان کے لیڈر کی صحت کس حد تک خراب ہو چکی ہے۔

قائداعظمؒ کی زندگی کا مقصد تکمیل پا چکا تھا اور انہیں مکمل کامیابی بھی نصیب ہو چکی تھی۔ اس کے باوجود ان کا اپنی خدمت کے لیے اور زیادہ کام کرنے کا جذبہ ماند نہ پڑا۔ علالت کے عفریت نے ان کی بہت سی جسمانی طاقت زائل کر دی تھی ان کے نہ دبنے والے جذبے نے آزادی کے ساتھ آنے والے مسائل کا مقابلہ کرنے کے لیے ان کا سر بلند رکھا۔ وہ ان مسائل کا سامنا عزم و ہمت سے کرنا چاہتے تھے تا کہ انہیں حل کرنے کی کوششیں کر سکیں۔

انہوں نے اپنی صحت کی جانب توجہ دینا بالکل ترک کر دیا تھا۔ ان کی کھانسی اور ہلکے بخار نے مجھے اور بھی زیادہ پریشان کرنا شروع کر دیا تھا۔ میرے اصرار پر وہ اپنے ذاتی فزیشن ڈاکٹر کرنل رحمن سے معائنہ کرانے پر ضامند ہو گئے۔ وہ ڈاکٹروں کی دواؤں سے غیر معمولی طور پر پرہیز کرتے رہے میں کبھی اس بات کی وجہ نہ جان سکی کہ آخر ان کی زندگی بھر کی اس عادات کی وجوہات کیا تھیں۔ معائنے کے بعد کرنل رحمن نے بتایا کہ انہیں معمولی ملیریا ہے اور وہ اسی تشخیص کی بنیاد پر ان کا علاج کرنا چاہتے ہیں۔ قائداعظمؒ نے اپنے ڈاکٹر سے متعدد سوالات اور استفسارات کئے جیسے وہ کمرہ عدالت میں کسی گواہ پر جرح کر رہے ہوں۔ ڈاکٹر کی وضاحت سے مطمئن نہ ہونے کے باعث انہوں نے اس کی تجویز کردہ ادویات استعمال کرنے سے انکار کر دیا۔

”مجھے ملیریا نہیں ہے، مجھے کام کی کثرت نے نڈھال کر رکھا ہے۔“ اس قسم کی صورتحال میں ظاہر ہے کہ آرام ہی سب سے بہترین دوا تھی، مگر آرام کر نہیں سکتے تھے۔ ابھی انہوں نے بہت سے کام کرنے تھے۔ انہوں نے مجھ سے کہا: ”میں اپنی جسمانی طاقت کی کان کھود کر توانائی کا آخری اونس تک ڈھونڈ نکالوں گا اور اسے اپنی قوم کی خدمت میں صرف کر دوں گا۔ اور جب وہ بھی ختم ہو جائے گا تو میرا کام مکمل ہو چکا ہو گا۔ پھر زندگی نہیں رہے گی۔“

مہاجرین کھوکھراپار کے رستے پاکستان آ رہے تھے اور قائداعظم کے لیے قائم کیے جانے والے کیمپوں اور دیگر انتظامات کو خود دیکھنے کی غرض سے لاہور میں موجود رہنا چاہتے تھے۔ ان کے سامنے دو راستے تھے یا تو وہ اپنے نصب العین کو پورا کرنے کے لیے اپنا فرض سر انجام دیتے جو انہیں زندگی بھر جان سے زیادہ عزیز رہا تھا یا اپنی صحت کا خیال رکھتے جس کی خرابی سے ان کی جان

بھی جا سکتی تھی۔ انہوں نے فرض کی پکار پر لبیک کہنے کا فیصلہ کیا اور ڈاکٹروں کے مشوروں پر کوئی توجہ نہ دی۔ محمد علی جناح نے لیڈر محمد علی جناح کے آگے مکمل ہتھیار ڈال دیئے تھے۔ اس طرح ہم کراچی میں اپنی آمد کے تقریباً ایک ماہ بعد ستمبر 1940ء میں لاہور روانہ ہو گئے۔ وہاں چند روز قیام کرنے کے بعد ہم لوگ واپس کراچی آ گئے۔ کراچی میں بمشکل تین ہفتے قیام کرنے کے بعد ہم لوگ ایک مرتبہ پھر اکتوبر کے آخر میں لاہور چلے گئے۔ پاکستان کا حصول قائد کی زندگی اور کام کے لحاظ سے ان کے لیے ایک دور کا اختتام اور دوسرے دور کا آغاز ثابت ہوا۔ شروع ہونے والا دوسرا دور بھی اسی قدر اہم تھا کیونکہ اس میں پاکستان کی سلامتی کو مستحکم بنانے کا اہم کام شامل تھا۔ وہ بحران کے اس زمانے میں اپنی قوم کو کسی صورت تنہا نہیں چھوڑ سکتے تھے۔ چنانچہ انہوں نے اپنے ساتھ کوئی رعایت یا نرمی روا نہیں رکھی۔ پاکستان کی فضاؤں پر محرومی اور مایوسی کے بادل چھائے ہوئے تھے۔ وہ اس کی جگہ قوم میں مسرت اور اُمید کے جذبات پیدا کر دینا چاہتے تھے۔ 30 ستمبر 1947ء کو یونیورسٹی سٹیڈیم لاہور میں ایک بہت بڑے اجتماع سے خطاب کرتے ہوئے انہوں نے کہا: "بعض لوگ یہ سوچتے ہیں کہ 3 جون 1947ء کا پلان قبول کرنا مسلم لیگ کی غلطی تھی، میں ایسے لوگوں پر واضح کر دینا چاہتا ہوں کہ اس کے سوا کسی بھی متبادل تجویز کو قبول کرنے کے نتائج اس قدر تباہ کن ہوتے جن کا شاید تصور بھی نہ کیا جا سکتا۔ ہم نے اپنی جانب سے اس پلان پر صاف ضمیر اور نیک نیتی کے ساتھ عملدرآمد کیا ہے، وقت اور تاریخ اس بات کو ثابت کر دے گی۔ دوسری جانب تاریخ ان لوگوں کے بارے میں بھی اپنا فیصلہ تحریر کر دے گی جنہوں نے دھوکہ دہی اور بدنیتی کے حربوں کے ذریعے فساد اور انتشار کی قوتوں کو اس برعظیم میں کھلا چھوڑ دیا، جس کے باعث لاکھوں لوگ ہلاک ہوئے۔ جائید اداور املاک کو بے پناہ نقصان پہنچا اور لاکھوں لوگوں کو ان کے گھر بار اور ان تمام چیزوں کو چھوڑ کر اپنے گھروں سے چلے جانے پر مجبور کر دیا گیا، جو انہیں بہت عزیز تھیں، منظم اور مربوط طریقے سے بے گناہ اور نہتے لوگوں کا اس طرح قتل عام کیا گیا کہ اس کے سامنے تاریخ کے بدترین ڈکٹیٹروں، ظالموں کے بڑے بڑے اور ہالناک مظالم بھی ماند پڑ گئے۔ ہم ایک سوچی سمجھی اور نہایت گہری سازش کا شکار ہوئے ہیں اور اس کا ارتکاب کرنے والوں نے دیانتداری، جرات مندی اور وقار کے بنیادی اصولوں تک کی پرواہ نہیں کی۔ ہم اللہ تعالیٰ کا شکر ادا کرتے ہیں کہ اس نے ہمیں شر کی ان طاقتوں کے خلاف جد وجہد کرنے کے لیے

ایمان کی قوت اور طاقت عطا فرمائی ہے۔ میں ایک بار پھر کہوں گا کہ اگر ہم قرآن کریم سے رہنمائی حاصل کریں تو انشاء اللّٰہ آخری فتح ہماری ہو گی۔‘‘

تقریر کے دوران ان کی آواز جذبات سے کانپنے لگی اور میں نے ان کی زبان سے پہلی مرتبہ موت کا تذکرہ سنا۔

’’اس جدوجہد کے ساتھ ساتھ اپنے حوصلے بلند رکھئے، موت سے خوفزدہ ہونے کی ضرورت نہیں۔ ہمارا مذہب ہمیں ہمیشہ موت کے لیے تیار رہنے کا درس دیتا ہے۔ ہمیں پاکستان اور اسلامی کے وقار کے تحفظ کی خاطر موت کو جرات کے ساتھ گلے لگانا چاہیئے۔ مسلمانوں کے لیے راہِ حق میں جدوجہد کرتے ہوئے جامِ شہادت نوش کرنے سے بہتر کوئی بچاؤ نہیں۔۔۔

اپنا فرض ادا کرتے رہئے اور خدا پر مکمل بھروسہ رکھئے۔ روئے زمین پر کوئی ایسی طاقت نہیں جو پاکستان کو ختم کر سکے، یہ ہمیشہ قائم رہنے کے لیے بنا ہے۔‘‘

سربراہِ مملکت کی حیثیت سے وہ مجاہرین کے لیے جو کچھ کر سکتے تھے، انہوں نے کیا۔ وہ مطمئن تھے کہ ان لوگوں کو مناسب توجہ مل رہی ہے۔ اس کے بعد ہم لوگ کراچی واپس آگئے۔ حالات کے جذباتی رُخ اور قوم کو درپیش مشکلات نے نہ صرف ان کے جسم بلکہ ان کے جذبوں اور روح تک کو تھکا دیا تھا۔ وہ ایک بار پھر بیمار ہو گئے۔ اس دوران نومولود مملکت کی حکومت پر، جس نے اپنا کام ملبے کے ڈھیر سے شروع کیا تھا، ذمہ داریوں کا بوجھ دن بدن بڑھتا چلا گیا۔ ان کے پاس بہت سی فائلوں کی بوچھاڑ تھی اور وزراء اور سیکرٹری حضرات ان سے ہدایات لینے کے لیے ان کے پاس آتے رہتے تھے، ایسے میں قائدؒ کے لیے آرام و سکون ملنا ناممکن تھا۔

وہ آرام کے دنوں میں بھی سرگرمِ عمل رہتے۔ صوبہ سرحد کے لوگوں سے ان کا وعدہ تھا کہ انہوں نے گزشتہ برس ریفرنڈم میں حیرت انگیز کام کر کے سرحد کو پاکستان میں شامل کرنے کا جو فیصلہ کیا، اس کے اظہارِ تشکر کے لیے وہ بذاتِ خود پشاور کا دورہ کریں گے۔ یہ وعدہ نبھانے کے لیے ہم اپریل 1948ء میں پشاور گئے۔ وہاں ایک بھرپور پروگرام ان کا منتظر تھا۔ 12 اپریل کو اسلامیہ کالج کے طلبہ سے خطاب کرتے ہوئے انہوں نے کہا:

’’اس موقع پر میرے ذہن میں قدرتی طور پر سب سے اہم بات تحریک قیام پاکستان کے دوران طلباء کی جانب سے میسر آنے والی حمایت ہے۔ خاص طور سے اس صوبے کے طلباء کے میں

واضح طور پر یہ محسوس کئے بغیر نہیں رہ سکتا کہ گزشتہ برس منعقد کرائے جانے والے ریفرینڈم میں اس صوبے کو پاکستان میں شامل کئے جانے کا جو دو ٹوک اور صحیح فیصلہ کیا گیا، اس کے پیچھے طلباء بھی کا بھرپور تعاون کارفرما تھا۔ مجھے خاص طور پر اس بات پر فخر ہے کہ آزادی کی جدوجہد اور قیامِ پاکستان کے لیے کی جانے والی کوششوں میں اس صوبے کے عوام کبھی اور کسی بھی لحاظ سے دوسروں سے پیچھے نہیں رہے۔''

اگلے روز ہم رسالپور گئے جہاں قائد اعظم کو رائل پاکستان ایئرفورس کے افسروں اور جوانوں سے خطاب کرنا تھا۔ سمجھوتے کے برعکس پاکستان کو ملنے والے فوجی ساز و سامان ہندوستان نے روک رکھا تھا اور ہماری فضائیہ جہازوں اور دوسرے ضروری ساز و سامان سے محروم تھی۔ اس موقع پر انہوں نے کہا:''میں جانتا ہوں کہ آپ کے پاس جہازوں اور دوسرے ضروری ساز و سامان کی کمی ہے، تاہم مطلوبہ آلات اور ساز و سامان خریدنے کی کوششیں کی جا رہی ہیں اور جدید جہازوں کی خریداری کے لیے آرڈر دیا جا چکا ہے۔ مگر ٹیم سپرٹ اور انتہائی سخت ڈسپلن کے بغیر جہازوں یا افراد کی بڑی سے بڑی تعداد بھی کسی کام نہیں آ سکتی۔ میں آپ کو یاد دلانا چاہتا ہوں کہ صرف ڈسپلن اور خود پر اعماد کر کے ہی رائل پاکستان ایئرفورس پاکستان کے قابلِ قدر خدمات انجام دے سکتی ہے۔''

14 اپریل کو انہوں نے گورنمنٹ ہاؤس پشاور میں سول افسروں کا اجلاس طلب کیا اور ان میں سے اکثر کے ساتھ ملاقات کی۔ وہ ان میں بے تکلفی سے گھل مل گئے اور ایک غیر رسمی گفتگو کے دوران انہوں نے فرمایا:''میں آپ کو سب سے پہلی بات یہی بتانا چاہتا ہوں کہ آپ کو کسی سیاسی دباؤ میں نہیں آنا چاہیے، خواہ یہ دباؤ کسی سیاسی جماعت کی طرف سے ڈالا جائے یا سیاسی شخصیت کی جانب سے۔ اگر آپ پاکستان کے وفادار اور عظمت میں اضافہ کرنا چاہتے ہیں تو اس کے لیے لازمی ہے کہ آپ کسی قسم کے دباؤ میں نہ آئیں بلکہ قوم اور مملکت کے سچے خادموں کی حیثیت سے اپنا فرض دیانتداری اور بے خوفی سے ادا کرتے رہیئے۔ سول سروس کسی بھی مملکت کی ریڑھ کی ہڈی کی حیثیت رکھتی ہے۔ حکومتیں بنتی اور شکست کھاتی رہتی ہیں۔ وزرائے اعظم آتے جاتے رہتے ہیں، وزراء حکومتوں میں شامل ہوتے ہیں اور الگ ہو جایا کرتے ہیں، مگر آپ لوگ موجود رہتے ہیں، لہٰذا آپ پر انتہائی اہم ذمہ داری عائد ہوتی ہے۔ کسی ایک یا دوسری سیاسی جماعت کی

حمایت میں آپ کا ہر گز کوئی کردار نہیں ہونا چاہیئے۔ اسی طرح آپ کو کسی ایک یا دوسرے لیڈر کی حمایت بھی نہیں کرنا چاہیئے۔۔۔ یہ آپ کا کام نہیں ہے، آئین کے تحت جو بھی حکومت بنے اور معمول کے آئینی طریقے سے جو بھی وزیرِ اعظم یا وزیر کی حیثیت سے برسرِ اقتدار آئے، آپ کا نہ صرف یہ فرض ہے کہ آپ خلوص اور وفاداری کے ساتھ اس حکومت کی خدمت کریں بلکہ اس کے ساتھ ہی ساتھ آپ اپنی سروس کی اعلیٰ شہرت، اپنا وقار اور عزت و احترام قائم رکھنے کے علاوہ سروس کا استحکام بھی بر قرار رکھیں۔ اگر آپ عزم اور دیانتداری کے ساتھ کام کریں گے تو آپ ہمارے نظریات اور ہمارے خوابوں کے مطابق پاکستان کی تعمیر کریں گے۔۔۔ ایک شاندار مملکت اور دنیا کی ایک عظیم ترین قوم۔

اس سلسلے میں آپ پر زور دینے کے ساتھ ہی میں سیاست دانوں اور اس ملک کے رہنماؤں پر بھی اسی طرح زور دینا چاہتا ہوں کہ اگر وہ آپ کے کام میں مداخلت کریں، اور آپ پر سیاسی دباؤ ڈالیں گے تو اس سے بد دیانتی، رشوت خوری اور اقرباء پروری کے علاوہ کسی اچھی بات کو فروغ حاصل نہیں ہو گا۔ جو خوفناک امراض ہیں اور جن میں نہ صرف آپ کا صوبہ بلکہ دوسرے صوبے بھی مبتلا ہیں۔۔۔ اگر سیاسی راہنما آپ کے کام میں اس قسم کی مداخلت کر رہے ہیں تو میں کہتا ہوں کہ وہ پاکستان کی خدمت نہیں کر رہے ہیں۔۔۔

ہو سکتا ہے آپ میں سے بعض لوگ وزراء کو خوش نہ کرنے کے باعث ان کا نشانہ بنیں۔ میں توقع کرتا ہوں کہ ایسا نہ ہو، لیکن آپ مصیبت میں پڑ سکتے ہیں۔ اس لیے نہیں کہ آپ کوئی غلط کام کر رہے ہیں بلکہ اس لیے اس لیے کہ آپ صحیح کام کر رہے ہیں، قربانیاں دینا پڑتی ہیں، میں آپ سے اپیل کرتا ہوں کہ اگر ضرورت پڑے تو آپ آگے بڑھیں اور قربانی دیں۔ بلیک لسٹ ہونے اور پریشانی اور مصیبت میں مبتلا ہونے کی صورت حال کا مقابلہ کریں، اگر آپ میں سے چند لوگ بھی اپنی قربانیوں کا موقع دیں، یقین رکھیئے ہم بہت جلد اس کا علاج ڈھونڈ نکالیں گے۔ میں آپ کو بتا دینا چاہتا ہوں کہ اگر آپ اپنے فرائض اور ذمے داریاں مملکت کے ساتھ دیانت داری، خلوص اور وفاداری کے ساتھ انجام دیتے ہیں تو آپ بلیک لسٹ میں نہیں رہیں گے۔ آپ ہی ہمیں ایک ایسی طاقت مشینری کے قیام کا موقع فراہم کر سکتے ہیں جو آپ کے تحفظ کا مکمل احساس فراہم کر سکے۔۔۔ آپ کو ایک فضا قائم کرنے کی کوشش کرنی چاہیئے اور ایسے جذبے سے سرشار ہو کر کام

کرنا چاہیئے کہ ہر شخص کے ساتھ انصاف اور دیانتداری پر مبنی سلوک کیا جا سکے۔ محض انصاف ہی نہ کیا جائے، بلکہ لوگ محسوس کریں کہ ان کے ساتھ انصاف ہو رہا ہے۔‘‘

چند روز بعد انہوں نے پشاور میں ایڈورڈز کالج کے سٹاف اور طلباء سے خطاب کیا۔ انہوں نے وہ دو دن یاد دلایا، جب 1937ء میں انہیں اس صوبے سے نکال دیا گیا تھا۔ انہوں نے صوبہ سرحد میں مسلم لیگ کی شکست کا واقعی یاد دلاتے ہوئے اس تبدیلی کا ذکر کیا جو گذشتہ دو تین برس کے دوران صوبے میں رونما ہوئی تھیں۔ انہوں نے بہادر پٹھانوں کا شکریہ ادا کیا جنہوں نے زبردست اکثریت سے پاکستان کے حق میں فیصلہ کیا تھا۔ خطاب کے آخر میں قائد نے فرمایا:’’میں چاہتا ہوں کہ آزاد خود مختار مملکت کے شہریوں کی حیثیت سے آپ سربلند کرکے چلیں۔ جب آپ کی حکومت تعریف کی مستحق ہو تو آپ اپنی حکومت کی تعریف کریں، اور جب تنقید کرنے کا موقع ہو تو اس پر بے خوفی سے تنقید کریں۔۔۔ جب کوئی غلط کام ہو تو آپ بے خوفی سے تنقید کریں، میں تنقید کا خیر مقدم کرتا ہوں۔۔۔ اس طریقے سے آپ ہمارے اپنے عوام کے مفاد کے لیے زیادہ تیزی سے معاملات بہتر کر سکیں گے۔‘‘

پشاور میں منعقد کئے جانے والے جلسہ ہائے عام میں سے ایک کے دوران آسمان پر گہرے سیاہ بادل چھا گئے۔ جلسہ شروع ہوا تو بوندا باندی ہونے لگی مگر بارش ہونے کے اندیشے سے بے نیاز ہزاروں لوگ اپنی اپنی جگہوں پر اسی طرح بیٹھے رہے۔ میرے بھائی ان لوگوں کو مایوس نہیں کرنا چاہتے تھے حالانکہ میں نے جوان کے برابر ہی بیٹھی تھی، انہیں مشورہ دیا کہ ہمیں اب لازماً چلنا چاہیئے۔ وہ بارش سے بری طرح بھیگ گئے، اس کے باوجود جلسے کی مکمل کارروائی کے دوران اس طرح بیٹھے خراب موسم کا مقابلہ کرتے رہے۔ اس رات انہیں زکام ہو گیا، سردی لگ گئی اور کھانسی کے ساتھ شدید بخار ہو گیا۔ انہوں نے ڈاکٹر کو بلانے کے لیے میرا مشورہ مسترد کرتے ہوئے کہا: ’’کچھ بھی تو نہیں ہے، بس ذرا سردی لگ گئی ہے، میں اس پر قابو پا لوں گا۔‘‘

مگر وہ اس پر کبھی قابو نہ پا سکے۔ جب ہم کراچی واپس پہنچے تو ان کی کھانسی شدت اختیار کرتی گئی اور جب اصرار کرکے ایک ڈاکٹر کو ان کا معائنہ کرنے کے لیے کہا گیا تو پتہ چلا کہ ان پر برونکائٹس (نرخرے و حلق کا ورم) کا معمولی حملہ ہوا ہے، اگرچہ اس کے باعث وہ چند روز تک بستر

میں لیٹے رہے، مگر اس کے باوجود ان فائلوں کا باقاعدگی سے مطالعہ بھی کرتے رہے جو انہیں بھیجی جاتی تھیں۔

تقریباً چھ ہفتے بعد وہ نسبتاً بہتر محسوس کر رہے تھے، تاہم کمزوری ابھی باقی تھی۔ میں انہیں مسلسل مشورہ دے رہی تھی کہ وہ کراچی سے باہر پاکستان میں کہیں اور چلے جائیں تا کہ کسی طرح ان کی صحت بحال ہو سکے۔ میرے استدلال کے ان کے ذاتی فزیشن ڈاکٹر رحمٰن نے بھی تائید کی جنہوں نے انہیں انتہائی واشگاف الفاظ میں خبردار کیا کہ اگر وہ کم از کم دو ماہ تک کام نہیں چھوڑیں گے اور مکمل آرام نہیں کریں گے تو ان کی صحت کو ناقابلِ تلافی نقصان پہنچے گا۔ میں نے سکھ کا سانس لیا۔ جب جون میں ایک روز وہ مان گئے اور انہوں نے ہاں کر دی کہ ہمیں کراچی کی شدید گرمی سے نکل کر کوئٹہ کی خنک بلندیوں پر چلے جانا چاہیئے۔

کوئٹہ آنے کے چند روز کے اندر میں نے دیکھا کہ ان کی صحت پہلے سے بہتر ہونے لگی ہے، ان کا سونا اور کھانا پینا بہتر ہو گیا تھا۔ کھانسی کم ہونے لگی تھی اور ٹمپریچر بھی نارمل رہنے لگا۔ صرف نہایت اہم فائلیں ہی ان کے پاس بھیجی جاتی تھیں جنہیں ان کی توجہ کی فوری ضرورت ہوتی تھی، کئی سالوں میں یہ پہلا موقع تھا کہ وہ طویل آرام کرتے دکھائی دے رہے تھے۔

کبھی کبھی وہ مختلف تقاریب میں شرکت کی دعوتیں بھی قبول کر لیتے تھے جو کوئٹہ کے شہریوں کے مختلف طبقوں کی جانب سے دی جاتی تھیں۔ ان تقاریب میں وہ پاکستان کے درپیش اہم مسائل کے بارے میں اپنے نقطہ نظر کی وضاحت کرتے۔۔۔ مثال کے طور پر کوئٹہ کے پارسی فرقے کی طرف سے پیش کئے گئے سپاسنامے کے جواب میں انہوں نے کہا:"معاملات کی نوعیت ایسی ہے کہ پاکستان کے لیے نئے آئین کی تیاری میں اٹھارہ ماہ سے دو برس کا عرصہ لگ جائے گا۔۔۔"جب انہوں نے یہ الفاظ کہے تو مجھے یاد آیا کہ آزادی کے بعد کئی مواقع پر انہوں نے مجھ سے تشویش ظاہر کی کہ نیا آئین بننا چاہیئے، جو لبرل ہو۔ انہیں توقع تھی کہ اس کی تکمیل پر تقریباً دو سال لگیں گے، وہ کہا کرتے تھے: "یہ آئین ایک آزاد ملک کے آزاد باشندوں کے شایانِ شان ہو گا۔"ان کے احساس ذہن کو اس بات سے بڑی بار بار کی بیماری کے باعث اس انتہائی اہم کام میں تاخیر ہوتی جا رہی تھی۔

خطبہ استقبالیہ کا جواب جاری رکھتے ہوئے انہوں نے پاکستان میں آباد اقلیتوں کے حوالے سے تفصیلی گفتگو کی: "آپ جانتے ہیں کہ میری حکومت کی اور خود میری پالیسی یہ ہے کہ ذات، رنگ، عقیدے یا نسل کی تمیز روا رکھے بغیر ہر فرقے کی جان و مال اور عزت و آبرو کا تحفظ کیا جائے اور یہ کہ پاکستان میں مکمل امن و امان ہر قیمت پر روا رکھا جائے۔"

اگلے روز انہوں نے سٹاف کالج کوئٹہ کے افسروں سے خطاب کیا اور اپنے پرزور لہجے میں فرمایا: "میں یہاں ایک اور بات کا ذکر کرنا چاہتا ہوں اور مجھے یہ کہنے کی ضرورت اس لیے پیش آئی ہے کہ اعلیٰ عہدوں پر فائز ایک دو افسروں کے ساتھ گفتگو کرنے کے بعد مجھے معلوم ہوا ہے کہ وہ اس حلف کے منشاء سے کماحقہ آگاہ نہیں ہیں جو افواج پاکستان نے اٹھایا ہے، بلاشبہ حلف اٹھانا ایک رسم ہے مگر اس سے کہیں زیادہ اہم جذبے اور دل کی سچائی ہے۔ یہ ایک نہایت اہم رسم ہے اور میں اس توقع پر آپ کی یادداشت کو تازہ کرنے کے لیے حلف کی عبارت کو دہرانا چاہتا ہوں: "میں اللہ تعالیٰ کو حاضر و ناظر جان کر صدقِ دل سے عہد کرتا ہوں کہ میں آئین اور ڈومینین آف پاکستان کا وفادار رہوں گا۔ (آئین اور حکومت ڈومینین آف پاکستان کے دو الفاظ نوٹ کر لیجئے) اور یہ کہ میں مسلح افواج میں اپنی شرائطِ شمولیت کے مطابق فضا، خشکی یا سمندر میں انتہائی دیانتداری اور وفاداری کے ساتھ اپنے فرائض انجام دوں گا اور اپنے آفیسر کے تمام احکامات کی تعمیل کروں گا۔" جیسا کہ میں نے ابھی کہا ہے کہ جذبہ ہی اصل چیز ہے جو اہمیت رکھتا ہے۔ میں آپ سے کہنا چاہتا ہوں کہ جب آپ یہ کہتے ہیں کہ آپ آئین اور ڈومینین کے وفادار رہیں گے تو اس کے لیے ضروری ہے کہ آپ پاکستان میں نافذ العمل موجود آئین کا مطالعہ کریں اور اس کے صحیح آئینی اور قانونی منشاء اور معانی کو سمجھیں۔"

15 جون 1948ء کو کوئٹہ میونسپلٹی کی جانب سے قائداعظم کے اعزاز میں استقبالیہ دیا گیا۔ اس کے جواب میں انہوں نے کہا کہ انہیں پاکستان کے ہر طبقے میں صوبہ پرستی کی لغت کو موجود دیکھ کر رکھ ہوتا ہے۔ انہوں نے ہدایت کی کہ عوام خود کو بلوچی، پٹھان، سندھی، پنجابی، بنگالی سمجھنے کے بجائے صرف اور صرف پاکستانی سمجھیں، اپنی تقریر کے آخر میں انہوں نے کہا: "نمائندہ حکومت اور نمائندہ اداروں کا قیام بلاشبہ بہت اچھی اور پسندیدہ بات ہے لیکن جب لوگ خود کو صرف ذاتی مفادات تک محدود کر لیں تو یہ ادارے نہ صرف اپنی قدر و قیمت کھو بیٹھتے ہیں بلکہ بدنامی

کا باعث بھی بن جایا کرتے ہیں، ہمیں چاہیئے کہ ہم یہ انداز اختیار کرنے سے گریز کریں اور ایسا صرف اسی صورت ممکن ہے، جیسا میں پہلے کہہ چکا ہوں کہ ہم اپنے اعمال کو ذاتی یا طبقہ دارانہ مفادات کی کسوٹی پر رکھنے کی بجائے مخصوص مفاد کے پیمانے سے جانچیں۔''

قائد اعظم یکم جولائی 1948ء کو کراچی میں سٹیٹ بینک آف پاکستان کی افتتاحی تقریب میں شرکت کی دعوت قبول کر چکے تھے۔ مجھے اندیشہ تھا کہ کوئٹہ سے کراچی تک کے سفر اور پھر ایک دو روز بعد کوئٹہ واپسی کے باعث ان کی صحت دوبارہ خراب نہ ہو جائے۔ چنانچہ میں نے کوشش کی کہ انہیں یہ سفر نہ کرنے پر رضامند کر لوں، میں نے انہیں مشورہ بھی دیا کہ انہوں نے اس موقع کے لیے جو تقریر تیار کر رکھی ہے، وہ ان کی طرف سے کوئی اور پڑھ لے گا۔ اس پر انہوں نے جواب دیا: ''تم جانتی ہو کہ کانگریس اور ہندو پیش گوئی کر چکے ہیں کہ پاکستان ایک دیوالیہ ملک ہو گا اور یہ کہ ہمارے لوگ تجارت، صنعت، بنکنگ، جہازرانی اور انشورنس وغیرہ جیسے شعبوں کو نہیں چلا سکیں گے۔ چنانچہ ہمیں لازماً ثابت کرنا ہے کہ ہمارے پاس نہ صرف سیاسی شعبے میں ٹیلنٹ موجود ہے بلکہ مالیات اور بنکاری میں بھی ہمارے پاس باصلاحیت افراد کی کمی نہیں ہے۔ لہذا میری وہاں موجودگی نہایت ضروری ہے اور پھر اس کے بعد ہم چند روز کے اندر ہی کوئٹہ واپس آجائیں گے۔ تم میری صحت کے بارے میں اس قدر پریشان کیوں ہو، مجھے اپنا فرض بہر حال ادا کرنا ہے، میں اسے ملتوی نہیں کر سکتا اور تم کہہ سکتی ہو کہ میں اس سلسلہ میں کوئی خطرہ قبول نہیں کر سکتا۔''

کراچی سے کوئٹہ کے ہوائی سفر کے باعث ان کی حالت خراب ہو گئی۔ چنانچہ سٹیٹ بینک آف پاکستان کی افتتاحی تقریب کی صبح وہ اپنے بستر سے لگے پڑے تھے، وہ بے حد کمزور ہو چکے تھے، اس کے باوجود اٹھے، تقریب کے لیے لباس زیب تن کر کے تیار ہوئے اور انہوں نے تقریب میں موجود معزز مہمانوں کے سامنے اپنا خطاب پڑھا۔ خرابی صحت کے باوجود ان کی اس تقریب میں موجودگی ان کے خطاب کے پہلے ہی فقرے سے واضح ہو گئی:

''سٹیٹ بینک آف پاکستان کا افتتاح مالیاتی شعبے میں ہماری مملکت کی خود مختاری کی علامت ہے۔۔۔ مسٹر گورنر جیسا آپ نے دیکھا ہو گا کہ غیر منقسم ہندوستان میں بنکاری زیادہ تر غیر مسلمانوں تک محدود تھی اور ان لوگوں کی مغربی پاکستان سے منتقلی سے ہماری نوزائیدہ مملکت کی معاشی زندگی میں بڑی حد تک خلل واقع ہوا ہے۔ صنعتی و تجارتی سرگرمیوں کو مناسب انداز میں

جاری کے لیے لازمی ہے کہ غیر مسلموں کے پاکستان سے چلے جانے کے باعث جو خلاء پیدا ہو گیا ہے، اسے فوری طور پر پُر کیا جائے، ضروریات زندگی میں ہونے والے غیر معمولی اضافے نے مقررہ آمدنی والے لوگوں سمیت معاشرے کے غریب طبقوں کو بری طرح متاثر کیا ہے اور ملک میں پائی جانے والی موجودہ بے چینی کا بھی بڑی حد تک یہی سبب ہے، حکومت پاکستان کی پالیسی یہ ہے کہ قیمتوں کو ایک ایسی سطح پر مستحکم کیا جائے جو اشیاء تیار کرنے والوں (صنعتکاروں اور تاجروں) اور صارفین دونوں کے لیے منصفانہ ہو۔۔۔ مغرب میں اختیار کئے جانے والے معاشی نظام نے انسانیت کے لیے نہ ختم ہونے والے مسائل پیدا کئے ہیں اور ہم میں سے اکثر لوگ محسوس کرتے ہیں کہ صرف کوئی معجزہ ہی دنیا کو درپیش تباہی سے بچا سکتا ہے۔ یہ نظام انسانوں کے درمیان انصاف اور بین الا قوامی سطح پر کشیدگی ختم کرنے میں ناکام ہو چکا ہے، اس کے برعکس یہ گزشتہ نصف صدی میں بڑی حد تک دو عالمی جنگوں کا باعث بنا ہے، مغربی دنیا میکانکی ترقی اور بہتر صنعتی کار کردگی کے باوجود آج ایسی بدانتظامی اور انتشار کا شکار ہے جس کی تاریخ میں مثال نہیں ملتی۔ مغرب کے معاشی نظریات اور طریقہ کار کو اپنانے سے ہمیں ایک خوش و خرم اور مطمئن قوم کی تشکیل میں کوئی مدد نہیں ملے گی۔ ہمیں اپنی قسمت کا فیصلہ خود اپنے طریقے کے مطابق کرنا ہو گا اور دنیا کے سامنے ایک ایسا معاشی نظام پیش کرنا ہو گا جو انسانی مساوات اور سماجی انصاف کے سچے اسلامی نظریہ پر مبنی ہو، صرف اسی صورت میں ہم مسلمان ہونے کی حیثیت سے اپنا مشن پورا کر سکیں گے اور انسانیت کو امن کا پیغام دے سکیں گے اور محض اس کے ذریعے انسانیت کے لیے مسرت، فلاح و بہبود اور خوشحالی حاصل کی جا سکتی ہے۔''

تقریب میں موجود ہر شخص نے یقیناً محسوس کیا ہو گا کہ قائد اعظمؒ کی صحت خراب ہو چکی تھی، ان کی آواز بمشکل سنی جا رہی تھی۔ تقریر کے دوران رکتے رہے، کھانستے رہے، جب ہم تقریب سے فارغ ہو کر واپس گورنر جنرل ہاؤس پہنچے تو قائد کپڑوں اور جوتوں سمیت بستر میں لیٹ گئے، مگر ان کے ناتواں جسم میں نظر کو چند ہیا دینے والی ذہانت کا شعلہ اب بھی اسی طرح روشن تھا۔

اسی شام امریکی سفیر کی رہائش گاہ پر منعقد ہونے والے استقبالیہ میں شرکت کی دعوت بھی وہ پہلے ہی قبول کر چکے تھے۔ مگر خرابی صحت انہیں اپنے فرائض کی ادائیگی سے نہیں روک سکتی

تھی۔ انہوں نے تقریر کے لیے فوراً کپڑے بدل لیے اور ہم سفیر موصوف کی پارٹی میں جا پہنچے۔ انہوں نے تھکاوٹ یا کمزوری کو بالکل عیاں نہ ہونے دیا۔ استقبالیہ میں جن مہمانوں کا ان سے تعارف کرایا گیا، وہ ان کے ساتھ معمول کے مطابق باتیں کرتے رہے، بیماری ان کی خوش مزاجی کے نیچے کہیں دب کر رہ گئی۔ ایسے موقع پر اعلیٰ عہدہ اور پوزیشن جس قسم کی قیمت اور قربانی کا مطالبہ کیا کرتا ہے، وہ انہیں بہر حال ادا کرنا تھی، اور انہوں نے یہ قیمت مسکراتے ہوئے ادا کی۔

کراچی میں پانچ روز قیام کے دوران انہوں نے بعض انتہائی اہم فائلیں دیکھیں اور دیگر کام کیا۔ اس کے بعد ہم لوگ ہوائی جہاز سے کوئٹہ واپس لوٹ آئے۔ اگرچہ ہوائی سفر کے دوران وہ ٹھیک رہے مگر اگلے ہی روز ان کی طبیعت میں پریشانی اور تھکاوٹ کے آثار نمایاں ہونے لگے۔ ہلکا سا بخار بدستور موجود تھا جس سے ان کی بے آرامی اور میری تشویش بڑھ گئی تھی۔ ایک بار پھر کوئٹہ میں مختلف اداروں کی طرف سے انہیں دعوت نامے موصول ہونے لگے اور بہت سے افراد اور لیڈروں کی طرف سے مطالبات ہونے لگے جو قائد اعظم کو دیکھنے کے لیے بے چین تھے۔ قائد اعظم کو افسوس تھا کہ خرابی صحت کے باعث وہ ان لوگوں کی خواہشات کا مزید احترام نہیں کر سکتے تھے۔ ایک روز انہوں نے فیصلہ کیا کہ ہم کوئٹہ سے زیارت چلے جائیں جو قریب ہی واقع ہے اور جہاں کا موسم کوئٹہ سے زیادہ ٹھنڈا اور یقیناً زیادہ آرام دہ ہو گا۔

زیارت کی ریزیڈنسی جہاں ہم ٹھہرے، وہ ایک پر منظر، پرانی اور دو منزلہ عمارت تھی، جو ایک بلند و بالا پہاڑی پر کسی مستعد چوکیدار کی طرح کھڑی تھی۔ اس کے لان اور باغ وسیع ہیں، جہاں پرندے صبح نغمۂ حمد گاتے اور شام کو چہچہاتے، پھلدار درختوں کا ایک جھنڈ اور پھولوں کے تختے یہاں کے منظر کی خوبصورت کو اور دوبالا کرتے۔ قائد اعظم اس کی خاموشی اور دلکشی پر فریفتہ ہو گئے۔

کمشنر کوئٹہ ڈویژن کی اہلیہ مسز خان نے مجھے بتایا کہ ڈاکٹر ریاض علی شاہ اپنے ایک مریض کو دیکھنے کے لیے زیارت آئے ہوئے ہیں اور ان کا خیال ہے کہ ڈاکٹر ریاض علی شاہ سے قائد اعظم کا معائنہ کرانا مفید رہے گا، جب میں نے یہ تجویز اپنے بھائی کے سامنے رکھی تو انہوں نے سختی سے یہ کہتے ہوئے انکار کر دیا کہ انہیں کوئی زیادہ سنگین مرض لاحق نہیں ہے اور اگر صرف ان کا معدہ خوراک کو ذرا بہتر طور پر ہضم کرنے لگے تو وہ جلد ہی دوبارہ تندرست ہو جائیں گے، لیکن ڈاکٹروں

کی ہدایات پر عمل کریں، یہ کھائیں، کس قدر کھائیں، کب سوئیں، کب تک سوئیں وغیرہ جیسی ہدایات سے ان کے گریز کی عمر بھر کی عادت بدستور قائم تھی۔

اب تک وہ اپنا تفصیلی معائنہ کرانے اور خود کو مکمل طور پر ڈاکٹروں کے رحم و کرم پر چھوڑنے سے انکار کرتے آئے تھے۔ انکا خیال تھا کہ وہ صحت کو اپنی مرضی کے تابع رکھ سکتے ہیں، مگر اب انہوں نے محسوس کر لیا تھا کہ ان کی یہ کوششیں ناکامی سے دوچار ہو نگی اور اس طرح پہلی بار ان کی صحت نے خود انہیں خطرے کا الارم دینا شروع کیا۔ ایک روز علی الصبح جب انہوں نے رضامندی ظاہر کی کہ اب انہیں اپنی صحت کے بارے میں مزید خطرات مول نہیں لینے چاہئیں، انہیں مناسب طبی مشورے اور دیکھ بھال کی ضرورت ہے، مجھے بے حد خوشی ہوئی۔ میں نے وقت ضائع کئے بغیر قائد اعظم کے پرائیویٹ سیکرٹری مسٹر فرخ امین سے کہا کہ وہ کابینہ کے سیکرٹری جنرل چودھری محمد علی سے ٹیلی فون پر رابطہ قائم کریں اور ان سے کہیں کہ وہ لاہور کے نامور فزیشن جنرل ڈاکٹر کرنل الہی بخش کو فوری طور پر بذریعہ ہوائی جہاز زیارت بھجوانے کا انتظام کریں۔

یہ 21 جولائی 1948ء کا واقعہ ہے۔

پیغام بھیجا جا چکا تھا اور ہم انتہائی بے تابی سے کرنل الہی بخش کی آمد کے منتظر تھے، قائد اعظم کی حالت مسلسل خراب ہوتی جا رہی تھی لیکن جسمانی تکالیف کے باوجود ان کا ذہن بدستور چاق و چوبند اور بیدار تھا۔ ان کی روح اور جذبات نہ مرجھائے تھے اور نہ ان پر پژمردگی کے کوئی آثار تھے۔ انہوں نے زندگی میں بہت سی جنگیں جیتی تھیں اور انہوں نے خرابی صحت کے خلاف بھی اعتماد کے ساتھ جدوجہد کی تھی۔ انہوں نے اپنی تمام زندگی جدوجہد کے راستے پر چلتے ہوئے گزاری تھی اور وہ اس کا اختتام اطمینان اور سکوت کی راکھ کے ڈھیر پر نہیں کرنا چاہتے تھے۔ وہ اکثر مجھ سے نئے آئین، کشمیر اور مہاجرین کے بارے میں باتیں کرتے رہتے تھے۔ میں ان کے الفاظ پوشیدہ میں ان کی روح کے کرب کو محسوس کر سکتی تھی کہ ان کی حالت اب ایک ایسے شخص کی سی ہو رہی تھی جو بہت سے کام کرنا چاہتا ہو مگر اس کے پاس انہیں سر انجام دینے کے لیے بہت تھوڑا وقت اور بہت معمولی توانائی رہ گئی ہو۔ اس کے باوجود اس بات پر یقین رکھتے تھے کہ شمع کو اپنی روشنی پھیلاتے رہنا چاہیئے، یہاں تک کہ صبح کا اجالا خود اس کا فرض سنبھال لے۔

23 جولائی 1948ء بروز جمعہ شام ڈھلے مجھے فرخ امین کی زبانی جان کر اطمینان ہوا کہ کرنل الٰہی بخش پہنچ چکے ہیں اور قائداعظمؒ کے معائنے کے لیے نچلی منزل پر منتظر ہیں۔ میں نے یہ خوشخبری اپنے بھائی کو سنائی تو انہوں نے جوش سے خالی لہجے میں کہا:"ڈاکٹر سے کہو کہ وہ کل صبح معائنے کے لیے آئیں، اب شام زیادہ ہو چکی ہے اور میں نہیں چاہتا کہ کوئی مجھے ڈسٹرب کرے۔"

ڈاکٹر کی آمد کی خبر کو انہوں نے جس انداز میں لیا تھا، اس پر مجھے حیرت ہوئی اور میں نے محبت بھرے انداز کا سہارا لے کر ان سے التجا کی وہ ڈاکٹر کو اپنا معائنہ کرنے کی اجازت دے دیں۔ کیونکہ اپنی زندگی سے کھیلنا دانش مندی کی بات نہیں۔ اس کے جواب میں ان کے چہرے پر ایسی دلکش مسکراہٹ پھیل گئی کہ مجھے مکمل طور پر پسپا ہوتے ہوئے ان کی بات ماننا پڑی۔

اگلی صبح میں کرنل الٰہی بخش کو قائداعظمؒ کے پاس لے گئی اور اس سے پہلے کہ ڈاکٹر مریض سے کوئی سوال کرتا، انہوں نے کہا:"ڈاکٹر! مجھے اُمید ہے کہ آپ کا سفر خوشگوار گزرا ہو گا۔"

اس کے بعد ڈاکٹر الٰہی بخش نے قائدؒ سے ان کی بیماری سے متعلق اور اس کی سابقہ علامات وغیرہ سے متعلق دریافت کیا۔ قائداعظم نے 1934ء سے لے کر اب تک اپنی تمام بیماری کی مختصر تفصیل ٹھیک ٹھیک ڈاکٹر کو بتا دی اور اس گفتگو کے دوران ان کا تمام تر زور اس بات پر رہا کہ وہ بھلے چنگے ہیں اور یہ کہ وہ جلد ہی معمول کے مطابق دوبارہ کام کرنے لگیں گے اور پروگرام کے مطابق اپنی دوسری مصروفیات پر بھی عمل پیرا ہو جائیں گے، بشرطیکہ ان کا معدہ ٹھیک ہو جائے۔

انہوں نے مزید کہا :

"میں گزشتہ چودہ برس سے روزانہ چودہ گھنٹے کام کر رہا ہوں، صحیح معنوں میں مجھے کبھی علم ہی نہیں ہو سکا کہ بیماری کیا چیز ہوتی ہے، تاہم گزشتہ چند برس سے مجھے اکثر کھانسی اور بخار کی شکایت رہنے لگی ہے مگر چند روز کے آرام سے میں ان دونوں پر قابو پا لیتا ہوں۔ حال ہی میں ان کی شدت اور تواتر زیادہ ہونے لگا ہے، اور انہوں نے مجھے نڈھال کر دیا ہے۔"

یہ چند جملے ادا کرنے کے دوران قائداعظمؒ تھک چکے تھے۔ ڈاکٹر نے ان کی نبض دیکھنے کے لیے ان کا بایاں بازو تھام لیا۔ مریض بار بار کھانس رہا تھا، انہوں نے دوبارہ کہنا شروع کیا:"چند ہفتے قبل مجھ پر سردی اور زکام کا حملہ ہوا اور میں نے پنسلین لوزنجس (Pencilin Lozenges) استعمال کرتا رہا۔ مجھے یقین ہے کہ بنیادی طور پر مجھے کوئی مرض لاحق نہیں ہے۔-

میرا معدہ ہی تمام تر مشکلات اور بیماریوں کا باعث بنا ہوا ہے۔ تقریباً پندرہ برس پہلے لندن میں بعض ڈاکٹروں نے مجھے معدے کا آپریشن کرانے کا مشورہ دیا تھا۔ مگر جب میں نے جرمنی میں بعض ڈاکٹروں سے مشورہ لیا تو انہوں نے کہا کہ آپ کا معدہ بالکل ٹھیک ہے۔ انہی دنوں بمبئی میں میرے ڈاکٹر نے تشخیص کی کہ مجھے دل کی بیماری ہے، آپ دیکھ سکتے ہیں کہ خود ڈاکٹروں کی رائے بھی ایک نہیں ہے۔ "

جب کرنل الٰہی بخش ان کا تفصیلی معائنہ کر چکے تو انہوں نے کہا:

"سر! آپ کا معدہ بالکل ٹھیک ہے مگر آپ کے سینے اور پھیپھڑوں کے بارے میں کچھ نہیں کہہ سکتا۔ میں آپ کے خون اور تھوک کا معائنہ کروں گا اور اس کے لیے مجھے ضروری آلات، ساز و سامان اور چند معاون ڈاکٹروں کی ضرورت ہو گی۔ "

قائد اعظمؒ خاموشی سے ڈاکٹر کی باتیں سنتے رہے۔ اس نے کہا: "سر! آپ کو لازمی طور پر کافی مقدار میں مقوی خوراک استعمال کرنی چاہیئے۔ "

آپ ناشتے میں دلیہ، انڈے، مکھن، ڈبل روٹی، کافی اور دودھ کی کافی مقدار استعمال کریں۔ دوپہر کے کھانے میں مرغی کا قیمہ، سبزیاں اور کسٹرڈ یا جیلی کھائیں اور رات کے کھانے میں بھنی ہوئی مچھلی اپنی پسندیدہ چٹنی کے ساتھ استعمال کریں۔ اس کے علاوہ سبزیاں، پھل، پڈنگ اور کافی بھی استعمال کریں۔

"یہ تو بہت زیادہ ہے ڈاکٹر۔ آپ کا خیال ہے، کیا میرا کمزور معدہ اس قدر خوراک برداشت کر سکے گا؟ "

"سر! آپ کو زیادہ کیلوریز والی خوراک کی ضرورت ہے۔ آپ جیسے مریض کے لیے یہ از حد ضروری ہے۔ "

اگلی صبح کوئٹہ کے سول سرجن ڈاکٹر صدیق اور کلینیکل پیتھالوجسٹ ڈاکٹر محمود ضروری ساز و سامان اور آلات کے ساتھ ریزیڈنسی پہنچ گئے۔ انہوں نے قائد اعظم کے خون اور تھوک کے نمونے لیے اور اسی روز دوپہر بعد مجھے منحوس خبر ملی کہ نتیجہ قطعی تھا۔ مجھے اپنے پیروں تلے سے زمین کھسکتی ہوئی محسوس ہو رہی تھی۔ میں کیا کر سکتی تھی؟ میں نے مناسب سمجھا کہ کرنل کو چاہیئے کہ وہ قائد اعظم کو ان کے مرض کے متعلق بتا دیں کیونکہ میرے خیال میں خوراک، آرام

اور علاج ہر معاملے میں ان کا مکمل تعاون حاصل کرنے کا صرف یہی ایک طریقہ تھا۔ جب کرنل الٰہی بخش قائد اعظمؒ کی خدمت میں حاضر ہوا تو اس نے غیر ضروری تشویش سے خالی لہجے میں کہا: ''سر! مجھے اندیشہ ہے کہ کلینیکل ٹیسٹوں کے نتائج کے مطابق آپ کے پھیپھڑوں میں انفیکشن ہو گیا ہے۔''

قائد اعظمؒ نے یہ خبر خاموشی سے سنی اور چند منٹ کے بعد انہوں نے کہا: ''اس کا مطلب یہ ہوا کہ مجھے ٹی بی ہے۔''

کرنل الٰہی بخش ان کی بات سن کر خاموش رہا۔ ''ڈاکٹر ذرا بتائیے کہ مجھے یہ شکایت کتنے عرصے سے ہو سکتی ہے؟'' قائد اعظمؒ نے استفسار کیا۔

''سر میرا خیال ہے یہ مرض کم از کم دو برس پرانا تو ضرور ہے، مگر اس کے بارے میں کوئی حتمی رائے دینے سے پہلے میں آپ کے سینے کا ایکسرے کرنا چاہتا ہوں۔ تاہم میں آپ کو یقین دلانا چاہتا ہوں، مرض زیادہ سنگین نہیں ہے۔ ہم اپنی پوری کوشش کریں گے اور اگر آپ کو جسمانی نظام علاج سے ہم آہنگ ہو گیا تو آپ جلد ہی بالکل تندرست و توانا ہو جائیں گے۔''

''کیا مس جناح اس کے بارے میں جانتی ہیں؟ کیا آپ نے انہیں میرے مرض سے آگاہ کر دیا ہے؟''

''یس سر، میں نے انہیں بتا دیا ہے۔''

''میرا خیال ہے، آپ نے ایسا کر کے غلطی کی ہے کیونکہ وہ ایک خاتون ہیں۔''

عین اسی لمحے میں کمرے میں داخل ہوا اور قائد اعظمؒ نے ڈاکٹر سے پوچھا: ''آپ کے خیال میں مجھے کب تک بستر میں رہنا پڑے گا؟ آپ جانتے ہیں کہ میری بہت سی ذمہ داریاں ہیں اور مجھے بہت سے کام کرنے ہیں۔''

''سر! اس سوال کا کوئی فوری جواب دینا قبل از وقت ہو گا مگر آپ کو جلد از جلد صحت یاب کرنے کے لیے ہر ممکن تدبیر کی جائے گی۔''

اپنے بھائی کے زرد ہوتے ہوئے چہرے کے ساتھ جواب، بے پناہ تھکن اور پژمردگی کی غمازی کرتا تھا، ان کی دلجوئی کرنے کے لیے میں تنہا تھی۔ وہ میری جانب دیکھ کر مسکرائے اور کہا: ''فاطی! تم نے دیکھا، تم درست ہی کہا کرتی تھیں۔۔۔ مجھے سپیشلسٹ سے پہلے مشورہ کرنا چاہئے

تھا۔۔۔ مگر مجھے کوئی افسوس نہیں ہے آدمی صرف جدوجہد کر سکتا ہے۔۔۔ تقدیر کی زبان ہمیشہ گونگی ہوا کرتی ہے۔۔۔ میں اپنے فرائض اس وقت تک انجام دیتا رہوں گا، جب تک میں انہیں ادا کرنے کے قابل ہوں۔۔۔ تم جانتی ہو میرا ہمیشہ اصول رہا ہے۔۔۔ کہ میں کبھی آنکھیں بند کر کے۔۔۔ دوسروں کے مشورے قبول نہیں کیا کرتا۔۔۔ میں نے ہمیشہ اپنی سوچ اور مرضی کے مطابق عمل کیا ہے۔۔۔ اور میں نے زندگی کی شدید مشکلات سے سیکھا ہے۔"

چند ماہ قبل انہوں نے اسلامیہ کالج پشاور کے طلباء سے خطاب کرتے ہوئے کہا تھا: "آپ زندگی کے دوران درپیش مشکلات اور قیمتی تجربے سے بہت کچھ سیکھیں گی۔"

اپنے مخصوص طریقہ کار اور مشکلات سے سیکھنے کا انداز زندگی بھر ان کے کردار کی نمایاں خصوصیت رہا تھا۔

یہ بات کافی حوصلہ افزاء تھی کہ گزشت کئی ہفتوں کے مقابلے میں اب وہ زیادہ مقدار میں کھانا کھانے لگے تھے۔ غذا بڑھانے کی غرض سے میں نے امانت علی کو باورچی کے طور پر رکھ لیا جس نے کھانا پکانے کا فن پیرس کے رنز ہوٹل میں سیکھا تھا۔ وہ کچھ عرصے تک مہاراجہ کپور تھلہ کا باورچی بھی رہ چکا تھا۔ ڈاکٹر الٰہی بخش نے قائداعظمؒ کا ٹمپریچر وغیرہ نوٹ کرنے کے لیے ایک خاتون کمپاؤنڈر کو بھی اپنے عملے میں شامل کر لیا۔ پہلی بار قائداعظمؒ نے اس خاتون سے پوچھا: "میرا ٹمپریچر کتنا ہے؟"

اس پر اس نے مضبوط لہجے میں جواب دیا: "سر! میں صرف ڈاکٹر کو بتا سکتی ہوں۔"
قائداعظمؒ نے اصرار کیا: "مگر میں اپنا ٹمپریچر معلوم کرنا چاہتا ہوں۔"
خاتون کمپاؤڈر اپنے موقف پر ڈٹی رہی۔ "سوری سر! میں آپ کو نہیں بتا سکتی۔"

جو نہی لیڈی کمپاؤڈر کمرے سے باہر گئی تو قائداعظمؒ مسکرائے اور انہوں نے مجھ سے کہا: "میں اس قسم کے لوگوں کو پسند کرتا ہوں، ایسے لوگ جو مصمم ارادے کے مالک ہوں۔۔۔ اور جو خوفزدہ ہونے سے صاف انکار کر دیں۔"

ان دنوں کسی کو قائداعظمؒ سے ملنے کی اجازت نہیں تھی، مگر جب واشنگٹن میں متعین پاکستانی سفیر مسٹر حسین اصفہانی زیارت میں ہمارے گھر آئے تو قائداعظمؒ مسٹر اصفہانی سے مل کر بہت خوش ہوئے۔ وہ قائداعظمؒ کے قریبی ساتھیوں میں شامل تھے۔ اپنے لیڈر کو دیکھ کر جب

مسٹر اصفہانی نیچے اُترے تو ان کی آنکھوں میں آنسو جاری تھے، وہ اس ماہر سیاستدان کو جس نے بہت سی سیاسی لڑائیاں لڑی تھیں، بے بسی سے بستر میں پڑے ناتوانی کے ساتھ اپنی زندگی کی جنگ لڑتے دیکھ کر خود پر قابو نہیں رکھ سکے تھے۔ انہوں نے ڈاکٹر الٰہی بخش کو بتایا کہ انہیں قائداعظم کے لیے امریکہ سے ضروری سپیشلسٹ ڈاکٹر اور مطلوبہ ادویات بھجوا کر بے حد خوشی ہوگی۔ ڈاکٹر الٰہی بخش نے جواب دیا کہ اگر ضرورت پڑی تو وہ بخوشی مسٹر اصفہانی سے ایسا کرنے کے لیے کہیں گے۔

اسی اثناء میں ڈاکٹر الٰہی بخش کی درخواست پر لاہور سے ڈاکٹر ریاض علی شاہ، ڈاکٹر عالم ایکسرے سپیشلسٹ اور کلینیکل پتھالوجسٹ ڈاکٹر غلام محمد ایکسرے اور دوسرے ضروری آلات اور سازوسامان کے ساتھ زیارت پہنچ گئے۔ ان کے معائنے اور ٹیسٹوں کے نتیجے میں ڈاکٹر الٰہی بخش کی رائے اور تشخیص کی تصدیق ہوگئی۔ انہوں نے فیصلہ کیا کہ قائدؒ کے پاس رات کے وقت کسی نرس کو موجود رہنا چاہیئے۔ پہلے تو قائدؒ نے یہ کہہ کر انکار کر دیا کہ ان کی مناسب دیکھ بھال ہو رہی ہے اور یہ کہ نائٹ ڈیوٹی علیحدہ سے نرس رکھنا پیسے کا ضیاع ہوگا۔ مگر بالآخرہ وہ راضی ہوگئے اور انہوں نے کہا: ''گذشتہ کئی ہفتوں سے۔۔۔ میری بہن دن رات میری دیکھ بھال کر رہی ہے۔۔۔ وہ یقیناً تھک گئی ہوگی۔۔۔ ہاں آپ رات کے لیے کوئی نرس رکھ لیجیے۔'' اس طرح سول ہسپتال کوئٹہ میں کام کرنے والی نرس سسٹر فلن ڈنہام زیارت آگئی۔ وہ انتہائی مستعد نرس ثابت ہوئی اور اس خوبی کے باعث قائداعظمؒ اسے پسندیدگی کی نظر سے دیکھتے تھے۔ سسٹر ڈنہام نے ڈاکٹر الٰہی بخش کو بتایا کہ قائداعظمؒ ریشمی پاجامہ پہنتے ہیں، جو ان کی زندگی بھر کی عادت تھی اور اس کے باعث وہ اکثر رات کو سردی سے کانپتے رہتے ہیں۔ اس پر ڈاکٹر نے کراچی سے ایک ڈائیلسیلا (Viyella) منگوایا اور میں نے قائد کے لیے چند پاجامے بنوا دیئے۔ اب وہ پہلے سے زیادہ پرسکون نظر آنے لگے تھے۔ کئی کئی گھنٹے سوئے رہتے اور خوراک بھی اب وہ کافی مقدار میں کھانے لگے تھے۔ اس سے ہمارے لیے اُمید کی کرن پیدا ہوگئی۔ ان کا ٹمپریچر اب نارمل رہنے لگا تھا۔ ان کی کھانسی پر کافی حد تک قابو پالیا گیا تھا اور بلڈ پریشر بھی اب تشویشناک نہیں تھا۔

جولائی کے اواخر میں وزیراعظم لیاقت علی خان کسی پیشگی اطلاع کے بغیر چودھری محمد علی کے ہمراہ زیارت آگئے۔ انہوں نے ڈاکٹر الٰہی بخش سے قائداعظم کی صحت کے بارے میں

دریافت کیا۔ ڈاکٹر نے کہا: ''چونکہ وہ میرے بلانے پر قائداعظم کے معائنے اور علاج کے لیے یہاں آئے ہیں، اس لیے وہ انہیں (لیاقت علی خان) کو اپنے مریض کے بارے میں کچھ نہیں بتا سکتے۔''

''مگر بحیثیت وزیراعظم میں ان کی صحت کے بارے میں جاننے کے لیے بے تاب ہوں۔''

ڈاکٹر نے شائستگی سے جواب دیا: ''یس سر، میں مریض کی اجازت کے بغیر ایسا نہیں کر سکتا۔''

جب مجھے بتایا گیا کہ وزیراعظم اور سیکرٹری جان ان سے ملنا چاہتے ہیں، میں فوراً قائداعظم کے پاس پہنچی اور ان لوگوں کی آمد کی اطلاع دی۔۔۔ چند منٹ بعد قائداعظم نے فرمایا: ''نیچے جائیے۔۔۔ وزیراعظم کو بتایئے کہ۔۔۔ میں ان سے ملاقات کروں گا۔''

''اس وقت دیر ہو چکی ہے، آپ لوگوں سے کل صبح ملاقات کر لیجیے۔''

''نہیں، نہیں، اسی وقت آنے دیجیے۔''

قائداعظم اور لیاقت علی خان کے درمیان ملاقات تقریباً نصف گھنٹے تک جاری رہی۔ جونہی لیاقت علی خان نچلی منزل پر آئے، میں اوپر اپنے بھائی کے پاس چلی گئی۔ وہ بری طرح تھک چکے تھے اور ان کی آنکھوں سے بھی بیماری کے آثار نمایاں ہو رہے تھے۔ انہوں نے مجھے فروٹ جوس لانے کو کہا اور پھر بولے: ''مسٹر محمد علی کو بھجوا دیجیے۔۔۔'' کابینہ کے سیکرٹری جنرل تقریباً پندرہ منٹ قائداعظم کے ساتھ رہے۔ جب قائداعظم ایک بار پھر تنہا ہوئے تو میں ان کے کمرے میں چلی گئی اور ان سے پوچھا کہ وہ جوس پینا پسند کریں گے یا کافی۔ مگر ان کا ذہن میری بات کا جواب دینے کی بجائے شاید کسی اور ہی بات میں اُلجھا ہوا تھا۔ رات کے کھانے کا وقت ہو رہا تھا۔ انہوں نے کہا: ''بہتر ہو گا۔۔۔ آپ نیچے جائیں۔۔۔ اور ان لوگوں کے ساتھ۔۔۔ کھانا کھائیں۔ نہیں۔۔۔ یہ درست نہیں۔۔۔ وہ یہاں ہمارے۔۔۔ مہمان ہیں۔۔۔ جایئے۔۔۔ جاکر ان کے ساتھ کھانا کھایئے۔''

14 اگست قریب آ رہا تھا۔ جب ہماری قوم کو آزادی کی پہلی سالگرہ منانا تھی۔ ڈاکٹر کے مشورے کے برعکس قائد اس موقع پر قوم کے نام پیغام کے بارے میں سوچ رہے تھے۔ وہ خرابی

صحت کے باوجود اس پیغام کی تیاری کے لیے کام کر رہے تھے۔ یوم آزادی کے روز جاری کئے جانے والے پیغام میں کہا گیا تھا :

”یاد رکھیے! پاکستان کا قیام ایک ایسی حقیقت ہے جس کی دنیا کی تاریخ میں کوئی مثال نہیں ملتی۔۔۔۔ مجھے اپنی قوم پر پورا اعتماد ہے۔۔۔۔ اس نوزائیدہ مملکت کا پیدائش کے وقت ہی گلا گھونٹ دینے کی کوشش میں ناکامی کے بعد ہمارے دشمنوں کو اب بھی امید ہے کہ وہ اقتصادی ہتھکنڈوں کے ذریعے اپنا وہ مقصد حاصل کرنے میں کامیاب ہو جائیں گے جو ان کے دل میں ہے تعصب اور بد دیانتی جس قدر دلائل مہیا کر سکتے، اور ان کے ذریعے جتنے بھی بہانے بنائے جا سکتے ہیں، ان تمام کو بروئے کار لاتے ہوئے انہوں نے (ہندوؤں نے) پیشگوئی کی تھی کہ پاکستان دیوالیہ ہو کر رہ جائے گا۔ دشمن کی گولی اور تلوار جو مقصد حاصل کرنے میں کامیاب نہیں ہو سکی، وہ مملکت کی تباہ شدہ مالی اور اقتصادی حالت کے باعث پورا ہو سکتا ہے۔ مگر برائی کے پیغمبروں کے تمام تر دعوے باطل ثابت ہو چکے ہیں۔۔۔۔ ہمارا اولین بجٹ ہی ایک فاضل بجٹ ہے۔ تجارت کا توازن بھی ہمارے حق میں رہا ہے اور اقتصادی شعبے میں بحیثیت مجموعی ترقی ہو رہی ہے۔“

چند روز بعد ڈاکٹروں کو معلوم ہوا کہ قائد اعظمؒ کا بلڈ پریشر بہت کم ہو گیا ہے۔ ان کے پاؤں پر ورم آگیا ہے اور ان کے پیشاب کی مقدار بڑی حد تک کم ہو گئی ہے۔ باہم طویل صلاح مشورے کے بعد ڈاکٹروں نے مجھے بتایا کہ قائد اعظمؒ گردوں کی کمزوری میں مبتلا ہیں۔ ان کی صحت کے باعث زیارت میں ان کا قیام موزوں نہیں ہے، قائد اعظمؒ نے اس مشورے سے اس انفاق کیا مگر انہوں نے اصرار کیا کہ انہیں 14 اگست کے بعد ہی کوئٹہ منتقل کیا جائے کیونکہ اس روز ہماری آزادی کی پہلی سالگرہ منائی جا رہی تھی۔ ڈاکٹر اس وقت تک انتظار کرنے کے لیے تیار نہ تھے اور اس طرح بالآخر ہم لوگ 13 اگست کو زیارت سے کوئٹہ روانگی کے لیے تیار ہو گئے۔

قائد اعظمؒ نے اصرار کیا کہ وہ پاجامہ سوٹ میں سفر نہیں کریں گے کیونکہ ان کے بقول انہوں نے اپنی پوری زندگی کے دوران کبھی ایسا نہیں کیا تھا۔ میں خوش تھی کہ وہ مسلسل زندگی سے دلچسپی کا اظہار کر رہے تھے۔ چنانچہ ان کے لیے ایک بالکل نیا سوٹ نکال لائی جو انہوں نے اس سے پہلے کبھی نہیں پہنا تھا۔ اس کے ساتھ میچ کرتی ہوئی ٹائی بھی نکالی اور رومال سوٹ کی آرائشی جیب میں سجا دیا۔ چمکدار پمپ شوز انہیں پہنائے نہیں ایک سٹریچر پر لٹا کر ریزیڈنسی کی

دوسری منزل سے نیچے لایا گیا اور تکیہ لگا کر نیم دراز پوزیشن میں ایک بڑی ہمبر کار کی پچھلی نشست پر بٹھا دیا گیا۔ اس کار میں ہم نے زیارت سے کوئٹہ کا سفر کیا۔ میں ان کے بالکل برابر بیٹھ گئی اور سسٹر ڈنہام کو اضافی کرسی پر بٹھا دیا گیا۔ ان کا اے ڈی سی اگلی سیٹ پر شوفر کے برابر بیٹھ گیا۔

جھٹکوں اور ہچکولوں سے بچنے کے لیے کار سست رفتار سے سفر کرتی رہی۔ راستے میں ہم دو بار رُکے اور میں نے انہیں چائے اور بسکٹ وغیرہ دیئے۔ ہمیں کوئٹہ پہنچنے میں چار گھنٹے لگے اور مجھے ہر لمحے یہی دھڑکا لگا رہا کہ آیا وہ اس سفر کی صعوبت کو برداشت بھی کر پائیں گے یا نہیں۔ کوئی ریزیڈنسی پہنچتے ہی جہاں ہمیں قیام کرنا تھا، ڈاکٹروں نے ان کا معائنہ کیا۔ ڈاکٹروں نے مجھے یقین دلایا کہ قائداعظمؒ کا سفر بخیریت طے ہوا ہے۔ قائدؒ نے چند گھنٹوں کے بعد ڈاکٹروں سے کہا: "میں یہاں زیادہ بہتر محسوس کر رہا ہوں ۔۔۔ زیارت میں ۔۔۔ مجھے سانس لینے میں دُشواری محسوس ہوتی تھی۔"

ان کی صحت اب بہتر ہونے لگی تھی، اس پر ڈاکٹر الٰہی بخش نے مشورہ دیا کہ وہ روزانہ تقریباً ایک گھنٹہ فائلوں وغیرہ کا مطالعہ کر سکتے ہیں۔ ان کا خیال تھا کہ ہر وقت صحت کے متعلق سوچتے رہنے کے بجائے زیادہ بہتر یہ ہو گا کہ قائداعظمؒ کے مستعد ذہن کو کام کی جانب مبذول کر دیا جائے۔ قائدؒ بہت خوش تھے اور انہوں نے اس آزادی کا بڑے مزے سے لطف اٹھایا، چند روز کے بعد ڈاکٹروں نے ان سے کہا کہ وہ بستر سے نکل کر ان کی مدد سے اپنے کمرے کے اندر ہی چل لیا کریں، تاکہ اس عمل سے ان کے خون کی گردش میں آسانی پیدا ہو سکے۔ انہوں نے ڈاکٹروں کا یہ مشورہ خوشی سے قبول کر لیا۔ وہ ایک بار پھر خوش تھے کہ کئی ہفتوں کے بعد وہ بیماری سے اُٹھ ہونے کے قابل ہو چکے تھے۔ یہ بات خاصی حوصلہ افزا تھی کہ ان میں ابھی تک جدوجہد جاری رکھنے کے آثار دکھائی دے رہے تھے۔ جب انہوں نے ڈاکٹروں کو مندرجہ ذیل کہانی سنائی تو اس سے ان کی صحت کے بارے میں پیدا ہونے والی امید یقین میں بدلتی نظر آنے لگی۔

ڈاکٹر میں آپ کو ایک کہانی سناؤں گا۔ ایک عورت نے اپنے ڈاکٹر سے کہا کہ وہ چل نہیں سکتی کیونکہ وہ کئی ماہ تک بیمار رہی ہے اور بستر سے نہیں نکلی۔ ڈاکٹر نے کہا کہ وہ صحت یاب ہو چکی ہے، اس لیے ضروری ہے کہ وہ بستر سے نکل آئے اور چلنا شروع کر دے۔ ڈاکٹر کے تمام تر دلائل کے باوجود عورت نے انکار کر دیا۔ تب ایک دوسرا ڈاکٹر آیا۔ اس نے عورت کا معائنہ کیا اور اس نے

بھی وہی مشورہ دیا۔ یہاں پہنچ کر قائد اعظم بے دم ہو کر سانس لینے کے لیے رکھے۔ اس کے بعد ایک اور ڈاکٹر آیا۔ اس نے عورت کو بتائے بغیر ایک جلتا ہوا اسٹو اس کے بستر کے نیچے رکھ دیا۔۔۔ عورت نے محسوس کیا کہ اس کا بستر جلد ہی شعلوں کی لپیٹ میں آ جائے گا۔۔۔ اس پر وہ عورت جلدی سے بستر سے چیختی ہوئی باہر نکل آئی۔۔۔ ہم سب یہ کہانی سن کر ہنس دیئے۔ "ڈاکٹر، کیا آپ بھی میرے ساتھ ایسا ہی کرنا چاہتے ہیں؟"

پھر کچھ دیر کے توقف کے بعد انہوں نے کہا: "ڈاکٹر، میں سگریٹ پینا چاہتا ہوں، میں نے کئی روز سے سگریٹ نوشی نہیں کی۔۔۔ کیا میں سگریٹ پی سکتا ہوں؟"

ڈاکٹر الٰہی بخش نے یقینی لہجے میں کہا: "یس سر۔ صرف ایک سگریٹ روزانہ سے شروع کیجیے، مگر اس کا دھواں نہیں نکلے گا۔"

میں ان کے پسندیدہ برانڈ کے سگریٹ کے یون اے کا کارٹن نکال لائی۔ وہ سدا سے بلا کی سگریٹ نوش رہے تھے اور دن بھر میں تقریباً پچاس سگریٹ پی جاتے تھے۔

شام کو ڈاکٹر پھر آیا۔ اس نے ایش ٹرے میں سگریٹ کے پانچ جلے ہوئے ٹکڑے پڑے دیکھے تو دریافت کرتے ہوئے اپنے مریض کی جانب دیکھا، قائد اعظم نے مسکراتے ہوئے فرمایا: "ہاں، ڈاکٹر! میں نے پانچ سگریٹ پی لیے ہیں، مگر میں نے ان کا دھواں نہیں نکلا۔" اس کے بعد وہ کھکھلا کر ہنسے، ایک بچے کی طرح خوش۔

اس سال عید الفطر 27 اگست کو آ رہی تھی اور عید کی مناسبت سے قوم کے نام اپنا پیغام تیار کرنے میں مصروف تھے۔ یہ پیغام ان کی سینکڑوں تقاریر کا اختتام ثابت ہوا جو انہوں نے اپنے طویل سیاسی کیریئر کے دوران تیار کی تھیں۔ انہوں نے اپنے پیغام میں لکھا:

"صرف مشترکہ کوششوں اور مقدر پر یقین کے ساتھ ہی ہم اپنے خوابوں کے پاکستان کو حقیقت کا روپ دے سکتے ہیں۔۔۔ گذشتہ عید الفطر جو قیام پاکستان کے فوراً بعد آتی تھی، مشرقی پنجاب کے المناک واقعات کے باعث ہمارے لیے اپنے ساتھ لانے والی خوشیاں کھو چکی تھی۔ گزشتہ سال کے خونی واقعات اور ان کے نتیجہ میں۔۔۔ لاکھوں لوگ اپنے گھروں سے ہجرت کرنے پر مجبور ہو گئے تھے، ان واقعات نے عدیم المثال قسم کی مصیبت کھڑی کر دی۔ بے گھر انسانوں کو نئے سرے سے آباد کرنے میں ہماری تمام تر توانائیاں صرف ہو گئیں تھیں اور ہمارے

وسائل اختتام کی آخری حدوں کو چھونے لگے۔ اس کام کی شدت اور وسعت نے ہم سب کو بری طرح متاثر کیا تھا اور مشکلات کے اس سیلاب میں صرف ہمارے سر ہی پانی سے باہر رہ گئے تھے۔ بارہ ماہ کا مختصر عرصہ تمام مہاجرین کو جو پاکستان میں آ چکے تھے، منافع بخش روز گار مہیا کرنے کے لیے کافی نہیں تھا۔ ان کی دوبارہ بحالی کے لیے خاطر خواہ کام کیا جا چکا ہے، مگر ان کی کافی تعداد کو بحال کرنے کا کام ابھی باقی تھا۔ ہم اس وقت تک خوشی نہیں منا سکتے، جب تک ان میں سے ہر ایک دوبارہ اپنے پاؤں پر کھڑا نہیں ہو جاتا۔ مجھے پختہ یقین ہے کہ اگلی عید تک یہ مشکل اور پیدہ مسئلہ حل کر لیا جائے گا اور تمام مہاجرین کو پاکستانی معیشت میں مفید شہریوں کی حیثیت سے جذب کر لیا جائے گا۔‘‘

اپنا پیغام جاری رکھتے ہوئے انہوں نے لکھا:

’’برادر مسلم ممالک کے لیے میرا پیغام عید دوستی اور خیر سگالی پر مبنی ہے، ہم سب ایک خطرناک دور سے گزر رہے ہیں۔ طاقت کی سیاست کا ڈرامہ جو فلسطین، انڈونیشیا اور کشمیر میں کھیلا جا رہا ہے، اس سے ہماری آنکھیں کھل جانی چاہئیں۔ صرف ایک متحدہ محاذ کے قیام کے ذریعے ہی ہماری آواز دنیا کے ایوانوں میں سنی جا سکے گی۔ چنانچہ میں آپ سے اپیل کرنا چاہتا ہوں کہ آپ اسے خواہ کوئی بھی زبان دیں، مگر میرے مشورے کی روح یہ ہے کہ:’’ہر مسلمان کو دیانت داری، خلوص اور بے غرضی سے پاکستان کی خدمت کرنی چاہیئے۔‘‘

یہ قائد اعظمؒ کے آخری ریکارڈ شدہ الفاظ ثابت ہوئے۔

اگست کے آخری دنوں میں قائد اعظمؒ اچانک ہر چیز سے بے نیاز نظر آنے لگے اور ایک روز انہوں نے انہماک سے میری آنکھوں میں دیکھتے ہوئے کہا:’’فاطمی! مجھے اب مزید زندہ رہنے سے۔۔۔ کوئی دلچسپی نہیں۔۔۔ میں جتنی جلدی چلا جاؤں۔۔۔ اتنا ہی بہتر ہو گا۔‘‘

یہ بدشگونی کے الفاظ تھے، میں کانپ گئی، جیسے میں نے بجلی کے ننگے تار کو چھو لیا ہو، مگر میں نے خود کو پر سکون رکھتے ہوئے کہا:’’جن! آپ جلد ہی اچھے ہو جائیں گے، ڈاکٹر پر امید ہیں۔‘‘

وہ مسکرائے، ایک مردے کی سی مسکراہٹ:’’نہیں۔۔۔ میں اب زندہ نہیں رہنا چاہتا۔‘‘

یکم ستمبر کو ڈاکٹر الٰہی بخش نے مجھ سے مایوس لہجے میں کہا:’’قائد اعظمؒ پر ہیمرج کا حملہ ہوا ہے، میں پریشان ہوں، ہمیں انہیں کراچی لے جانا چاہیئے، کوئٹہ جیسے شہر کی بلندی ان کے لیے

موزوں نہیں ہے۔''ان کی حالت خراب ہونا شروع ہوگئی اور 5 ستمبر کو ان کے تھوک کے معائنے سے ڈاکٹروں کو معلوم ہوا کہ ان پر نمونیے کے حملے کے آثار نمایاں ہیں۔ خون کے معائنے سے یہ بھی پتہ چلا کہ انہیں شدید انفیکشن ہو چکا ہے۔ انہیں اپنا دم گھٹتا ہوا محسوس ہو رہا تھا اور سانس لینے میں دشواری ہو رہی تھی۔ اس پر ڈاکٹروں نے انہیں آکسیجن دینا شروع کر دی۔ 7 ستمبر کو میں نے واشنگٹن میں مسٹر اصفہانی کے نام تار دیا کہ وہ فوراً امریکہ سے اس سپیشلسٹ کو بھجوائیں جس کا نام ڈاکٹر ریاض نے تجویز کیا تھا۔ اس سے اگلے روز میں نے کراچی کے ڈاکٹر محمد علی متری کو فون کیا کہ وہ کوئٹہ پہنچے۔ ڈاکٹروں نے ایک بار پھر اس بارے میں صلاح مشورہ کیا اور صورتحال کے منفی اور مثبت دونوں پہلوؤں پر غور کرنے کے بعد انہوں نے فیصلہ کیا کہ انہیں فوراً کراچی لے جانا ضروری ہے کیونکہ ان کے کمزور دل کے لیے کوئٹہ کی بلندی مناسب نہیں ہے۔ انہوں نے بادل ناخواستہ مجھے آگاہ کیا کہ اب امید کی کوئی کرن باقی نہیں ہے اور صرف کوئی معجزہ ہی قائداعظم کی زندگی بچا سکتا ہے۔ جب میں نے اپنے بھائی کو ان کے ڈاکٹروں کے مشورے کے متعلق بتایا کہ کوئٹہ کی بلندی سے بچنے کے لیے انہیں کراچی لے جایا جائے تو انہوں نے کہا:''ہاں۔۔۔ مجھے کراچی لے چلیے۔۔۔ میں وہیں پیدا ہوا تھا۔۔۔ میں وہیں۔۔۔ دفن ہونا چاہتا ہوں۔'' ان کی آنکھیں بند ہو گئیں۔ میں ان کے بستر کے پاس کھڑی رہی، ان کی بے ہوشی میں، میں ان کے خیالات کی بڑ بڑاہٹ سکتی تھی۔ وہ نیند میں سرگوشی کر رہے تھے: ''کشمیر۔۔۔ انہیں۔۔۔ فیصلہ کرنے کا۔۔۔ حق دیجیے۔۔۔ آئین۔۔۔ میں اسے جلد ہی۔۔۔ مکمل کر دوں گا۔۔۔ مہاجرین۔۔۔ انہیں ہر ممکن۔۔۔ امداد دیجیے۔۔۔ پاکستان۔۔۔''

گورنر جنرل کے طیارے وائی کنگ کو فی الفور حکم دیا گیا۔ ڈاکٹروں نے گیارہ ستمبر کو فیصلہ کیا کہ ہمیں دو بجے دوپہر کراچی روانگی کے لیے کوئٹہ کے ہوائی اڈے پر پہنچ جانا چاہیے۔ جب قائد کو ایک سٹریچر پر لٹا کر وائی کنگ کے کیبن میں لے جایا جا رہا تھا تو پائلٹ اور طیارے کے عملے کے دوسرے ارکان انہیں سلیوٹ کرنے کے لیے قطار میں کھڑے تھے۔ انہوں نے بمشکل اپنا کمزور ہاتھ اُٹھا کر ان لوگوں کے سلیوٹ کا جواب دیا۔

ہم نے انہیں سیٹوں پر آرام سے لٹا دیا، جنہیں ایک عارضی بستر کی شکل میں کیبن کے سامنے رکھوا دیا گیا تھا، ڈاکٹری مستری، سسٹر ڈنہام اور میں ان کے ساتھ بیٹھ گئے۔ پائلٹ نے

خبردار کیا کہ اسے کچھ وقت کے لیے سات ہزار فٹ کی بلندی پر پرواز کرنا پڑے گی مگر جو نہی وہ بلوچستان کے پہاڑوں سے آگے نکل جائے گا تو طیارہ پانچ ہزار فٹ کی بلندی پر پرواز کر سکے گا۔ آکسیجن سلنڈر اور گیس ماس تیار رکھے گئے اور زیادہ بلندی پر قائد کو آکسیجن دینے کا فرض میرے ذمے تھا۔ ہم فضا میں بلند ہو چکے تھے۔ وائی کنگ بلند سے بلند تر ہوتا جا رہا تھا۔ قائد کو سانس لینے میں دشواری محسوس ہونے لگی تھی۔ چنانچہ میں نے گیس ماس ـ ان کے منہ پر لگا دیا، وہ کچھ دیر تک آکسیجن لیتے رہے اور پھر ماسک منہ پر سے ہٹا دیا جیسے مجھ سے کہہ رہے ہوں:''اس کی ضرورت نہیں، سب کچھ ختم ہو چکا ہے۔''میں نے ڈاکٹر متری سے ڈاکٹر الٰہی بخش کو بلانے کے لیے کہا اور یہ دیکھ کر مجھے مسرت ہوئی کہ ڈاکٹر الٰہی بخش انہیں آکسیجن لینے پر آمادہ کرنے میں کامیاب ہو گئے تھے۔ میں نے اپنی پوری زندگی میں اس سے تشویشناک ہوائی سفر کبھی نہیں کیا۔

تقریباً دو گھنٹے کی پرواز کے بعد ہم سہہ پہر سوا چار بجے کراچی کے ماڑی پور ایئرپورٹ پر اترے۔ یہیں ایک برس قبل قائد ہوائی جہاز سے اترے تھے تو انتہائی پُرامید تھے کہ وہ پاکستان کو ایک عظیم قوم بنا دیں گے۔ تب ان کے استقبال کے لیے ہزاروں لوگ ایئرپورٹ پر امڈ آئے تھے جن میں وزیر اور سفارتکار بھی شامل تھے مگر اس روز جیسا کہ پہلے ہی ہدایت کی جا چکی تھی، ایئرپورٹ پر کوئی بھی نہیں آیا تھا۔ جب ہم طیارے سے باہر نکلے تو ہمارا استقبال کرنے والا پہلا شخص گورنر جنرل کا ملٹری سیکرٹری کرنل جیفرے نولز تھا۔ قائد کو سٹریچر پر لٹا کر ایک ملٹری ایمبولینس تک لے جایا گیا جو انہیں گورنر ہاؤس لے جانے کے لیے ہوائی اڈے پر پہلے سے تیار کھڑی تھی۔ سسٹر ڈنہام اور میں قائد کے ساتھ ایمبولینس میں بیٹھ گئیں۔ ایمبولینس انتہائی آہستگی سے چل رہی تھی۔ ہمارے ساتھ آنے والے دوسرے لوگ کاروں کے ذریعے ایئرپورٹ سے روانہ ہو گئے۔ ڈاکٹر الٰہی بخش، ڈاکٹر متری اور گورنر جنرل کا ملٹری سیکرٹری ایمبولینس کے پیچھے گورنر جنرل کی کیڈلک کار میں آ رہے تھے۔

تقریباً چار میل کا فاصلہ طے کرنے کے بعد ایمبولینس کے انجن نے ہچکی لی جیسے کھانس رہا ہو یا سانس لینے کی کوشش کر رہا ہو اور اس کے بعد اچانک بند ہو گیا۔ تقریباً پانچ منٹ بعد میں ایمبولینس سے باہر نکلی تو مجھے بتایا گیا کہ ایمبولینس میں پیٹرول ختم ہو گیا ہے۔ ڈرائیور نے بے چینی کے عالم میں انجن کو دیکھنا بھالنا شروع کر دیا مگر وہ سٹارٹ نہ ہو سکا۔ جب میں دوبارہ ایمبولینس میں داخل

ہوئی تو قائد کے ہاتھ میں آہستہ سے حرکت پیدا ہوئی اور ان کی آنکھوں نے سوالیہ انداز میں مجھے دیکھا۔ میں نے نیچے جھک ان سے کہا:"ایمبولینس کا انجن خراب ہو گیا ہے۔"

انہوں نے آنکھیں بند کر لیں۔

کراچی میں عموماً تیز سمندری ہوائیں چلتی رہتی ہیں، جن کے باعث درجہ حرارت کم ہی رہتا ہے اور گرم موسم کی شدت کم ہو جاتی ہے مگر اس روز سمندری ہوائیں نہیں چل رہی تھیں اور گرمی ناقابلِ برداشت تھی۔ اس تکلیف دہ موسی صورتحال میں مستزاد وہ بیسیوں مکھیاں تھیں جو ان کے چہرے کے ارد گرد منڈلا رہی تھیں اور ان میں اتنی طاقت نہیں رہی تھی کہ وہ اپنا ہاتھ ان کے حملے سے بچنے کے لیے اٹھا سکیں۔ سسٹر ڈنہام اور میں دوسری ایمبولینس کے آنے کے انتظار میں باری باری ان کے چہرے پر پنکھا جھلتی رہیں۔ ہر منٹ سوہانِ روح تھا۔ قائد کو ایک کیڈلک کار میں منتقل نہیں کیا جا سکتا تھا کیونکہ وہ اتنی بڑی نہیں تھی کہ اس میں سٹریچر رکھا جا سکتا اور یوں ہم انتظار کرتے رہے اور امید پر کہ۔۔۔۔

اس جگہ کے آس پاس کی سینکڑوں جھگیاں تھیں جو اس بات سے بے خبر اپنے کام کاج میں مصروف تھے کہ ان کے قائدؒ جنہوں نے انہیں ایک الگ وطن لے کر دیا، ان کے عین درمیان ایک ایمبولینس میں بے یار و مددگار پڑے ہیں جس کا پیٹرول ختم ہو چکا ہے۔ کاریں اپنے راستے پر گامزن تھیں۔ بسیں اور ٹرک چیختے دھاڑتے اپنی اپنی منزلوں کی جانب رواں دواں تھے مگر ہم وہاں ایک ایسی غیر متحرک ایمبولینس میں کھڑے تھے جو ایک انچ آگے بڑھنے کے بھی قابل نہیں رہی تھی۔ وہ اس کے اندر ایک قیمتی زندگی قطرہ قطرہ اور سانس بہ سانس اختتام کی جانب گامزن تھی۔

ہم نے وہاں ایک گھنٹے سے بھی زیادہ دیر تک انتظار کیا۔

میری پوری زندگی میں کوئی گھنٹہ اس ایک گھنٹے سے زیادہ دردناک نہیں گزرا۔ پھر ایک دوسری ایمبولینس آئی۔ انہیں سٹریچر پر دوسری ایمبولینس میں منتقل کیا گیا اور یوں ہم بالآخر گورنر جنرل ہاؤس کے لیے روانہ ہوئے۔ جب انہیں نہایت آرام سے ان کے بستر پر لٹایا گیا تو ڈاکٹر الٰہی بخش کی گھڑی کے مطابق ہمیں ماڑی پور ایئرپورٹ پر اترے دو گھنٹے سے بھی زائد وقت گزر چکا تھا۔

دو گھنٹے کوئٹہ سے کراچی آنے میں لگے اور دو گھنٹے ماڑی پور ایئرپورٹ سے گورنر جنرل ہاؤس تک جانے میں۔

ڈاکٹروں نے ان کا معائنہ کیا اور کہا کہ ہوائی سفر اور ایمبولینس کے تکلیف دہ واقعہ کے باوجود ان کی صحت پر کوئی برے اثرات مرتب نہیں ہوئے۔ وہ جلد ہی گہری نیند سو گئے اور ڈاکٹر یہ کہتے ہوئے گورنر جنرل ہاؤس سے چلے گئے کہ وہ جلد ہی واپس آ جائیں گے، اب میں اپنے بھائی کے پاس تنہا تھی جو گہری نیند سو رہے تھے۔ میں نے وجدانی طور پر محسوس کیا کہ ان کی گہری نیند شمع کے اس آخری شعلے کی ماند ہے جو بجھنے سے پہلے زیادہ نمایاں اور بھرپور ہوا کرتا ہے۔ خاموشی کے اس عالم میں میرا دماغ ان کے ساتھ باتیں کر رہا تھا۔

"جن، کاش ایسا ہو سکے کہ میرا تمام خون نکال کر آپ کے جسم میں داخل کر دیں تا کہ آپ زندہ رہ سکیں۔ کاش خدا میری زندگی کے تمام سال مجھ سے لے لے اور انہیں آپ کو دے دے تا کہ آپ ہماری قوم کی رہنمائی کرتے رہیں۔ اگر ایسا ہو سکے تو خداوند کریم میں تیری بے حد شکر گزار رہوں گی۔"

وہ کسی خلل کے بغیر تقریباً دو گھنٹے تک گہری نیند سوتے رہے۔ پھر انہوں نے آنکھیں کھولیں، مجھے دیکھا اور سر اور آنکھوں کے اشارے سے مجھے اپنے پاس بلایا، انہوں نے بات کرنے کی آخری کوشش کی اور سرگوشی کے انداز میں کہنے لگے:

"فاطی، خدا حافظ! لا الٰہ الا اللہ۔۔۔ محمد۔۔۔ الرسول۔۔۔ اللہ۔" اور ان کا سر آہستگی سے قدرے دائیں جانب کو ڈھلک گیا۔ ان کی آنکھیں بند ہو گئیں۔

میں چیختی چلاتی کمرے سے بھاگی: "ڈاکٹر، جلدی کیجیے، میرا بھائی مر رہا ہے، ڈاکٹر کہاں ہیں؟"

ڈاکٹر چند منٹ میں پہنچ گئے اور انہوں نے قائد اعظم کا معائنہ کرنا اور انہیں انجکشن دینا شروع کر دیئے۔ میں وہاں خاموش اور بے حس و حرکت کھڑی رہی۔ پھر میں نے دیکھا کہ انہوں نے ان کا پورا جسم سر سے پاؤں تک ایک سفید چادر سے ڈھانپ دیا۔ میں جانتی تھی کہ اس کا مطلب کیا ہے۔ موت انہیں اس دنیا سے دوسری دنیا میں لے جانے کے لیے آ چکی تھی۔ دوسری زندگی جو ابدی اور غیر فانی ہے۔

کرنل الٰہی بخش بوجھل قدموں کے ساتھ میری جانب بڑھے، اپنی دائیں ہتھیلی میرے بائیں کندھے پر رکھی اور چھوٹے سے بچے کی طرح بلک بلک کر رونے لگے۔ ان آنسوؤں نے ایک ایسی زبان میں مجھ تک وہ مہلک خبر پہنچا دی جس میں نہ الفاظ ہوتے ہیں اور نہ کوئی آواز۔ میں نے اپنے آنسوؤں کو تلاش کیا مگر میرے اندر آنسوؤں کے تمام سوتے بھی شاید خشک ہو چکے تھے۔ میں چیخنا، چلانا چاہتی تھی مگر میری آواز خاموشی کی اتھاہ گہرائیوں میں ڈوب چکی تھی۔ میں خود کو گھسیٹتے ہوئے بمشکل تمام ان کے بستر تک پہنچی اور خود کو لکڑی کی بے جان گیلی شاخ کی طرح فرش پر گرا دیا۔

ان کے انتقال کی خبر یقیناً چار دانگ عالم میں پھیل گئی ہو گی۔ گورنر جنرل ہاؤس کے بڑے آہنی پھاٹک جن پر عام حالات میں سخت حفاظتی اقدامات کے ذریعے غیر متعلقہ لوگوں کو اندر داخل ہونے سے روک دیا تھا، آج پوری طرح کھلے ہوئے تھے اور ہر سمت سے لوگوں کے نہ ختم ہونے والے ریلے گورنر جنرل ہاؤس کے اندر بہتے چلے آ رہے تھے۔

ان میں سے کچھ لوگ جلد ہی قائدِ اعظمؒ کے کمرے میں پہنچ گئے جہاں وہ کسی خلل کے بغیر پڑے ایسی نیند سو رہے تھے جو بیداری سے بہت دور تھی۔ میں وہاں بیٹھ گئی اور اپنے ماحول سے بے خبر میں اپنے آپ کو اپنے ناقابلِ تلافی نقصان میں مکمل طور پر گم ہو چکی تھی۔

مجھے کچھ خبر نہیں کہ میں وہاں کب تلک بیٹھی رہی اور اس سفید چادر کو گھورتی رہی جس کے اندر میرا بھائی لپٹا پڑا تھا۔ بس مجھے اتنا یاد ہے کہ میں ایک بوڑھی خاتون جسے میں نے اس سے پہلے تو نہ کبھی دیکھا تھا اور نہ میں اسے جانتی تھی، اس نے میرے گلے میں اپنی بانہیں ڈال کر چکے سے میرے کان میں قرآن پاک کی یہ آیت پڑھی:

”اِنَّا لِلّٰہِ وَاِنَّا اِلَیْہِ رَاجِعُوْن“

(ہم سب اللہ کے لیے ہی ہیں اور اسی کی طرف ہمیں لوٹ کر جانا ہے)

☆☆☆